「本当の大人」になるための心理学

心理療法家が説く心の成熟

諸富祥彦
Morotomi Yoshihiko

a pilot of wisdom

はじめに

大人が大人になるのがとても難しい時代です。

大人が真に内面的に成長・成熟した大人となって、心から満たされた人生を生きるのが難しい時代です。多くの人が、心のどこかで迷いや不確かさを抱えながら生きています。

なぜか。それは、今の日本社会では、「いつまでも若々しくあること」、「元気に活動すること」といった外的な価値にばかり重きが置かれていて、「中年期以降における内面的な成長・成熟」ということはないがしろにされ、それを重視する価値観が育まれてこなかったからです。外的な活動性ばかりに価値が置かれて、内面的な成長・成熟が軽視されてきたからです。

本書は、そんな日本社会に生きながらも、人格的に成長・成熟した大人として「心から満足のいく人生を生きたい。真に納得して、何の悔いもなく人生の中盤以降をまっとうして生きていきたい」、そう願っている人のためのガイドブックです。

心理療法家のカール・グスタフ・ユングによれば、人間は、中年期——今の日本で言えば四〇代前半あたり——に、「人生の正午」を迎え、それ以降、「人生の午後」を生きることになります。そしてそれにあたっては、それまでの外的な活動性を中心とした生き方から、内面性に軸を置いた生き方へと、「生き方の転換」を図らなくてはならないと説きました。

しかし、現在の日本の「若さ偏重」、「元気な活動性偏重」の風潮の中にあって、それに逆行するかのように生き方を転換するのは、なかなかに難しい。できる限り、若い時の生き方をそのまま継続するのがよい、と考えがちです。そのため、大人が大人として成熟することがますます難しくなっているのです。

実際、今の日本の大人には、自分はまだ半分大人で、半分子ども。大人子ども。そんなふうに感じている方が少なくないのではないでしょうか。

「私たちが子どものころは、大人たちは、もっとちゃんと〝大人をしていた〟気がする。何だか、私たちの世代は、きちんと大人になれないまま、〝大人子ども〟しちゃっている人が多い……」

そう感じている人もいることでしょう。

私たちは、この疑問に自分でこんなふうに言い訳をするかもしれない。

私たちが子どものころの大人たちも、きっと、同じように感じていたにちがいない。その時の大人たちも、自分は思ったよりも子どもだと思っていたはずだ、と。

それも一面の真理ではあるでしょう。

しかしおそらく、真相はそれだけにとどまりません。

私たち、今の日本の中高年の少なからずは、実際、大人として十分に成熟しているとは言えないのではないでしょうか。端的に言えば、大人として未熟すぎるのではないでしょうか。

多くの中高年は今、自分の生き方に迷いや不確かさを感じています。どう生きればよいのか、確信を得られなくなっているのです。四〇歳になり、五〇歳になり、六〇歳になってはみたものの、自分の内面が相応に成熟し、豊かになっているとは思えない。

「若々しく元気で活躍すること」ばかりが重要視される世の風潮にあって、それに代わる新たな価値観を見出《みいだ》せずにたたずんでいる。

本書のテーマは、そうした時代の中で、中高年がいかにして真実の人生を生きることが可能かを考えることです。

大人であることが困難な社会の中で、成熟した大人であることはいかにして可能か。

たった一度しかない人生の残りの時間を、真に満たされた人生としてまっとうしていくことはどのようにして可能になるのか。

中高年が、充実した生き方を可能にするための指針として、本書が提示するのは「魂を満たして生きる」という視点です。

中高年になってこそ、魂を込めて、日々を真剣に生きることがより問われるようになります。いかほど経済的に恵まれていて、いかほど健康であっても、「魂が空虚」なままでは、人生はどうしようもない。

そんな「魂の満たされた日々」を生き、残りの人生を真に充実したものにするには、いかにすればよいか。その心得は何か。

それを示すのが、本書のテーマです。

具体的には、本文をお読みいただきたいのですが、そのキーワードとなるのは、「人生の使命」、「こだわりぬくこと」、「静かな、深い孤独」、「少数の他者との深い交流」といったものです。

最近の長寿研究でも示されているように、健康長寿の最大の秘訣《ひけつ》は、内面的な充実にあります。中でもとりわけ、「これが私の人生でやりぬくべきことだ」、「これが私の人生に与えられた使命なのだ」と思えることに、日々、我を忘れて取り組んでいられるならば、それこそが人生後半の幸福の最大の秘訣であり、健康長寿の道でもあります。

「これが私の人生で果たすべき使命なのだ」——そう思えることに、日々、魂を込めて打ち込むこと。これに勝るものは、何もないのです。

本書で私は言います。

魂の満たされた日々を送るためには、
手放してはいけない。
流してはいけない。
むしろ、こだわりぬきなさい。
徹底的に執着しぬきなさい。

多くの人が生活の中で実感しているように、「何か大切なものにとことんこだわりぬくこと」、「執着しぬくこと」においてこそ、充満した魂は顕現するのです。

「執着」、「孤独」は、しばしば老いた人間の姿を悪し様《あざま》に言う際に用いられる言葉です。しかし私は「魂を込めて、何かにとことん執着しぬくこと」と「深く孤独を生きること」こそが、中高年が内面的に成熟し、かつ、充実した日々を生きるためにもっとも大事なものであると思っています。

のんべんだらりとした、麺がのび切ったラーメンのような、うすらぼんやりとした希薄な生き方をしていては、〝ひとつのいのち〟として、やるべきことはやり終えたという実感を持つことはできません。果たすべきことは果たしえた、という〝いのちの濃密さ〟を実感して日々を生き、死を迎えることはできないのです。

それは、ひとつのいのち、としての使命です。

目次

脳のＩＴ化が人間の生命を希薄化させている
「心の回復力」が低下している現代人
心が未熟な人ほど、「他人にリスペクトや承認を求める」
「相手の視線で見る」のが大人の作法
中高年の成熟は自己中心性を脱却すること
多視点性と寛容さが成熟へのキーワード
「完全主義者」、「努力至上主義者」は、心が子どものまま
「永遠の少年元型」――いつまでも「まだ本気を出していない」
　と言い続けるあの人は、いつ本気になるのか？
仕事を減らせないのは、未熟さの現れ
未熟な人ほど、人に頼れない――「ほどよく依存」、「ほどよく自立」の大切さ
人格の成熟に必要な三つのもの①「自分の人生に与えられた使命・天命」
人格の成熟に必要な三つのもの②一人になって自分を深く見つめる「深層の時間」
人格の成熟に必要な三つのもの③深く交流しあう体験
人格が内面的に成熟していく六つのプロセス

第三章　単独者として生きよ

第九章 「最高に成熟した人格」とは
――その心理学的特徴 197

編集協力/髙木真明

第一章　日本の大人はなぜ未熟なのか？

――「中高年期における精神的な成長・成熟」の大切さ

▼中高年期に「内面的に成長・成熟する」という価値観を育めない日本人

人は、中高年期にこそ、内面的には成長・成熟していくことができます。加齢と共に様々な能力が低下していきますが、能力の低下は決して内面の成長・成熟の妨げにはなりません。

しかし、今の日本人は、中高年期に内面的に成長・成熟していくという人生できわめて重要なことをあまりに軽視し、ないがしろにしてしまっています。そういう価値観を育てることができずにいる精神的に未成熟な国民なのです。

これはこれからの日本社会を考える上でもたいへん重要な問題です。加齢と共に外的活動の能力が低下していくプロセスを通じて、人はむしろ内面に意識が向き人間としての成熟を図ることができます。この「中高年期における内面的成熟」ということを、私たち日本人はもっと大切な価値あることとして認識すべきです。そうしなければ、日本は「本当の意味での成熟社会」＝「外的な達成以上に精神的内面的な成熟に価値を置き尊重する社会」にはなりえないことでしょう。

なぜ日本の社会は、内面の成長・成熟ということに価値が置けていないのか。

それは「若さ偏重主義」があまりにも激しいからだと思います。「若さ」、「元気」、「活躍」、「成功」、「金銭」といった外的なことにばかり価値を置いてきた結果、内面的な成長・成熟の価値がないがしろにされてきたのです。いつまでも若々しく、健康で、美しくイキイキ活躍することはもちろん、それ自体重要ですが、そうした外的な価値ばかりが偏重されることによって、内面の成長・成熟の方はすっかりないがしろにされてきたのです。

そのひとつの例として「美魔女ブーム」が挙げられます。美しくあること、若くあることに価値が置かれすぎているのです。確かにテレビで見ていると、「これで五〇代？」と、びっくりするほど若々しく美しい人がいます。

憧れる気持ちはわかります。「私もきれいになりたい」と思うのも、もちろん結構です。だから美魔女ブーム自体を批判するわけではないのですが、その背景には、日本人の若さ偏重主義が透けて見える気がします。

一方、欧米の映画では四〇代くらいの女性がラブコメディーなどでのヒロインとして出ていることが多いです。日本ではあまりないことです。しわがあっても、老いを隠さずにヒロインとして映画に出ている。ちゃんとしわがある人が成熟したすてきな女性の代表として描かれている映画が結構あります。

一方、日本の恋愛映画で目尻のしわを隠していないヒロインというのはあまり観たことがありません。これは欧米に比べて日本の中高年の間に「老いることの価値」＝「老いていくことによって内面的に成熟することもまた美しさなのだ」、「内面的な成熟も美の表現のひとつなのだ」という認識が成立していないためでしょう。

スマートフォンでの自撮りも同様です。自撮りすると、非常にかわいく撮れます。自撮りで「奇跡的にすてきな一枚」を撮るコツとして、大きく目を開く、黒目を大きくする、斜め上から撮影する、口角を上げる、あおむけに寝て撮る、少しだけ頭を傾ける、など様々なポイントが指摘されています。

これも自分でエンジョイして、「私、きれい」とだけ言うならわかりますが、自撮り画像をSNSにアップしたりする。しかも、SNSのその写真と実際の容姿はあまりにも違っている。

自己愛的に自分の容姿ばかりを気にして、内面の価値をあまり重んじない点も日本人の未成熟さの現れのひとつです。

男性も同様で、いつまでも若々しくあろうとすることにばかり価値を置いている人があまりにも多すぎます。例えば、七〇代男性で、仕事もすごくできるし、確かに見た目も七〇代に見えない若さや元気を感じる人がいます。しかし、「元気」、「元気」、「今日も元気」とばかりやっているから、そばにいるとむなしい感じがしてくる。

なぜ空虚感が漂うのか。老いて成熟していくことを拒否しているからです。若くあろうとばかりして、内面的に成熟することを拒否している中高年があまりにも多いのです。

▼人生の午後〜中高年が経験する心の「むなしさ」を通しての内的成熟

では、中高年が経験する「心の成熟」とはどのようなものでしょうか。人はそれをどのように経験するのでしょうか。心理療法家のユングが言った「人生の午後」という言葉がそれを理解するキーワードになると思います。

ユングのもとを訪れた相談者——「クライアント」と言いますが——その人たちは年齢でいうと三〇代半ば以降の中高年でした。社会的にはある程度高い地位にあって、経済的にも豊かな人が多かったのです。つまり、傍《はた》から見れば恵まれている方々が「私の人生は空っぽでした」といって相談にきていたのです。

ユング自身も中年期に自ら精神病かと思われるほどの病的な体験をしています。それを克服しようとして自分の内界を探索した経験を持っているのです。スイス出身のエレンベルガーという精神医学者は、ユングのこの体験のことを「創造の病」という言葉で表現しています。

こうした体験をもとにユングは、中高年期に人は人生の大きな転換点（「人生の正午の時間」）を経験して後半生を生きていくようになると考えたのです。

ユングの時代と違って今の日本は平均寿命が延び、「人生の正午の時間」はだいぶ後にずれてきました。今の日本人の多くは、四〇代から五〇代に内的な「人生の正午」を迎えて人生の後半に向かっていくのではないでしょうか。三割くらいの方は、還暦を迎えた後、ようやく人生の午後に入っていくように思います。

しかしそうなると、人格の成熟のプロセスがその分遅れていきます。

人生の午前は、生きるのはそれほど難しくありません。四〇歳とか四五歳ぐらいまでは、外に向かってエネルギーを活動的に放出していれば何とかなるものです。

人生の前半においては、仕事の業績を上げるとか、地位を獲得するとか、結婚して子どもを育てるとか、家を買うとか、そういう「外的な事柄」にもっぱらエネルギーを向けるのですが、人生の後半に入っていくと、内面に意識が向かい始めます。人生の午前は外的な事柄にもっぱらエネルギーを注いでいたのが、今度は内面的な作業に多くのエネルギーを費やすようになる。これが「人生の午後」の大きな特徴です。

「自分が生まれてきた意味は何だろうか」と人生の意味を問うたり、「私はこのままの生き方をしていて本当にいいのだろうか」と自分の内側に向かって問い確かめたり、「私は人生で果たすべきことを果たしつつ、日々を生きることができているのだろうか」と自分の人生に与えられた使命や役割を問い確かめたりし始めるのです。

前述したように、ユングのもとを訪れた中高年の多くは、一般的には何の問題もない人でした。財産にも地位にも家族にも恵まれた人でした。

けれども、自分の人生には、もしかすると大切な「何か」が欠けているのではないか、私は本当にこのまま今の生き方を続けていっていいのだろうか――そんな「不確かさの感覚」を抱いて相談にこられたわけです。

これは、おそらくこの本の読者の多くの方も共通して持っている感覚ではないでしょうか。

私が講師を務めている「気づきと学びの心理学研究会　アウェアネス（http://morotomi.net/）」

という心理学の体験的な研修会（ワークショップ）に参加する人の多くも、三〇代から六〇代の「不確かさ」を抱えている人です。

「私の人生は、果たしてこれで本当にいいのだろうか」という人生の点検作業をおこなうために私のもとを訪れるのです。

それはちょうど、上昇していた太陽が正午を過ぎて下降に向かう様《さま》に似ています。中高年期に差しかかった人が体験するこの「人生の転換点」についてユングはとてもおもしろいことを言っています。

「この時においてこそ、人間は下降を通じて上昇するという逆説を体験できる」

ここでユングが言う、「下降を通じて上昇する」ことが中高年における「人格の成熟」ということなのです。

しかし、今の日本では、これができる人とできない人の間が大きく離れていると思われます。いわば「人格の成熟度格差」が中高年の間で拡大しているのです。

中高年の方の中にも、「心」、「内面」の価値の重要さを認識している人は増えています。これから三〇年にもわたる長い「老後」を生きていく決め手になるのは、今さら外的な生産性ではなく、「内面」や「心」の豊かさであることは誰にでもわかります。自らの心の成長を目指して、心理学のワークショップに参加する人も増えています。新海誠監督のアニメーション映画「君の名は。」のヒットに象徴されるように、「現実」と「夢」の間の境界があいまいになり、現実とは共同で見る夢のようなもの（ドリーミング・フィールド）であるという感覚が共有される中、「よい夢」を見るかのようにして、残りの人生を生きていきたい、それが人生後半の充実の決め手であろう、と感知している感度の高い中高年も明らかに増えているのです。

しかしその一方で、知的、身体的能力の衰えを前にして、ただ途方にくれるばかりで、何をどうしてよいかわからず、たたずむばかりの圧倒的多数の中高年が取り残されているのも事実です。

六〇歳になるまで若くい続けることばかりに価値観を置いて何も変えずに生きていると、「下降に向かう準備作業」ができなくなります。趣味も様々な志向も若いころと同じまま。そのまま還暦を迎えることになる。これでは心が空転して当然です。

これまでがんばってきて、社会的地位や名声や経済的な成功を手に入れたけれども、自分の人生には大切な「何か」が欠けている。この先は一体どうなるのか。私の人生は一体何だったのか、という問いにさいなまれ始めるのです。

▼人生の道そのものが後ろ向きに進んでいる

私のもとを訪れたある女性がこんなことを言っていました。

「最近感じるんですけれど、いくら一生懸命走っても前に進むことができないんです。四五歳を過ぎると人生の道そのものが後ろ向きに進んでいるから」

「人生の道そのものが後ろ向きに進んでいる」——おもしろいことを言うなぁと感心しました。

中高年の方には何となく実感として伝わるのではないでしょうか。一生懸命、毎日全力で走っている。全力疾走で生きている。自分は前に走っているつもりでいるのだけれども、「道そのものが後ろ向きに進んでいる」。とても歯が立たない、という感覚なのです。

歳を取ると、気力、体力など、いろいろなものが衰える。その中で、自分は走っているのに、「人生の道」そのものが後ろに進んでいるので、前に進めない。ちょうど空港などにある歩く歩道に逆向きに乗ってしまうと、後ろに引っ張られる感じになりますが、まさにあのような感じだと思います。

この方はこうも言われました。

「これまでやりたいことは一通りやってきました。夢も一応は実現しました。今、死ぬとすれば悔いのない、いい人生だったと言えると思います。けれども、これから数十年の人生をこの調子でやっていかなければいけないと思うと、何かが違う気がする。何か生き方を変えていかなくてはいけない気がするんです」

人生の後半において「下降することによって上昇する」という形で人格を成熟させ生きていくためには、大きな価値観の変容とそのための心構えが必要になってくるのです。

▼中高年で「人生の問い」は転換する

自分が本当にしたいことは何だろう。自分の人生の夢は何だろう。どんなふうにすれば自分の可能性をフルに生かすことができるのだろう――人生の前半にはこんな問いを自分に対して発するものです。これは「自己実現の問い」です。

しかし四〇歳になり五〇歳を過ぎても自己実現ばかりを求めているのだとしたら、それは未熟さの証《あかし》です。いつまでも二〇代から三〇代前半と変わらないメンタリティで生きているわけです。

人生の折り返し地点を過ぎ、「人生の午後」を生きることになった中高年には、もはやこうした問いは役に立ちません。むしろ問うべきは次のような問いになってきます。

「私は残された時間で何をまっとうすることを求められているのだろう」、「自分の人生に与えられた使命をまっとうするためには、どう生きるべきなのだろう」――こうした問いです。

この問いは、もはや自己実現のための問いではありません。中高年に必要なのは「自己実現」の問いではない。むしろ「意味実現」の問い、「使命実現」のための問いです。

私が本当にしたいことは何だろうか、というのは自己実現の問いです。私中心の問いです。

中高年で人生の転換点を迎えると、「人生の問い」そのものも転換します。

「人生の問い」の主語が「私は」から、「人生は」へと必然的に変わっていくのです。「人生は私に何を求めているのか」と問うことが必要になってくるのです。

「私はどうしたいのか」という問いから、「自分の人生に与えられた使命は何か」、「自分の人生に与えられた意味とは何か」、「人生は私に何を問うてきているのか」という問いへと、問いそのものが転換してくるのです。

「人生は私に何を求めてきているのか」という問いは、自分の人生を意味あるものとしてまっとうしたいという願いを抱いている中高年の問いです。オーストリアの精神科医ヴィクトール・エミール・フランクルも言うように、それは「自分の人生に与えられた使命をまっとうしたい」、「自分の魂のミッションをまっとうしたい」という思いに直結します。

多くの中高年の方々はカウンセリングの中でこう問います。

「私は何のためにこの世に生まれてきたのでしょうか、それを知りたい。その意味を知りたいです」

あるいは謙虚にこうおっしゃいます。

「私の人生に与えられた使命を私は果たして今、まっとうできているのでしょうか。もしそのようなものがあるとすれば、ですけれども」

「私はこれからもこのまま生きていって、それで本当にいいのでしょうか。それを確かめたくて……」

この本を読まれた方にも、この自分の人生に使命などあるわけがない、そんなこと言われても……と思う人がいると思います。それはまったく普通のことです。

しかし「もしあるとすれば、それは何だろう」と考えてみることが、自分の生き方を見つめ直す上で役に立つのです。

「自分は何をしたいか」ではなくて、「この人生で自分は何を求められているのか」。

このように、中高年期以降に人生についての問いは大きな転換を迎えるのです。

▼キレる中高年——アクティングアウトという人格成熟の指標

日本の中高年の心の未熟さを示す徴候に再び目を向けてみましょう。その大きな特徴のひとつは、自分の感情をコントロールできない人が増えていることです。

成熟している人間は、①自分の感情を自分の内面に保持できる。そして、②自分の感情をコントロールできる。このふたつが成熟していることの大きな特徴です。

逆に自分の感情を内面に保持できずに、ぱっと外に出してしまう。すぐにキレてしまう中高年が多いことが、その内面の未熟さを端的に示しています。

キレるというと、若者のことを連想する方が多いと思いますが、実際には若者よりも中高年の方がはるかにキレることが多いのです。

一例を挙げると、電車の中には優先席があります。そこが空いていると若者が座ることも東京などでは電車が混んでいるからよくあるわけです。そこで若者がスマートフォン（スマホ）をやっていたら、ものすごい剣幕で突然怒鳴り始めるおじさんがいるのです。

これが成熟した大人であれば、若者を穏やかにたしなめることができると思うのです。「あなたね、スマホは健康被害があるから、できればやめてくれるとありがたいんだけどな」と穏やかな口調でしっかりと伝えることができるのが成熟した大人のふるまいです。

しかし、時折、いきなりキレて、一方的に怒鳴り始めるおじさんがいる。すると、若者も反省しようがないのです。自分のしたことが悪いとわかっていてもこれだけキレられたら反省する気もしない。そこでものすごい応酬になることがあります。

若者の気持ちもわからないではありません。何しろ中高年のおじさんが自分の否定的な感情をまったくコントロールできていないからです。これを「アクティングアウト」(行動化)と言います。

アクティングアウトせずに、自分の内面に感情を保持できるかどうか。これが人格の成熟/未成熟を分かつもののひとつです。

こんな場面を目撃したこともあります。ある時バスの中で携帯電話でおしゃべりをしていた若い女性がいました。これは、確かにあまりいいことではありませんが、穏やかに注意をすればたいていの若者は「すみません」と言ってやめると思います。けれども、その女性に対して、年配のおじさんがいきなり彼女の携帯をつかみながら「おまえなんか、携帯電話を使う必要ない」と大きな声で怒鳴り始めたのです。こんなことをされたら誰だってパニックになると思います。

駅員に暴行するのは、六〇代がもっとも多いという報道もなされています。

相手の気持ちも考えずに自分の感情を吐き出し続ける中高年が目立つほど増えているのです。

ではこの「すぐキレる」とは心理的にはどんな状態を指すのでしょうか？　実はこれは、うつの初期症状なのです。うつになると、どんよりと落ち込むと同時に熟睡できなくなります。つまり、睡眠障害になります。

睡眠が取れておらず、うつになった人は自分の内面に感情を保持できなくなり、キレやすくなるのです。内面に感情を保持するというのは、心が健康で、ある程度の強さを持っているからこそできることなのです。

これを「レジリエンス」(resilience) と言います。「心の回復力」です。辛《つら》いことがあっても自分の内側でそれを保持するためには、ある程度の成熟性が必要なのです。

感情を内面に保持できず、いつも怒鳴ったり、わめき散らしたりするだけの人にいくらカウンセリングをしても深まりがありません。

ところがうつになると、感情をすぐに外に出してしまうようになります。私は、中高年がキレやすくなっている背景には国民レベルでの慢性的な「軽うつ」が潜んでいると考えています。その症状の一環として感情を保持できなくなり、キレやすくなっているのではないかと思うのです。

▼「欲求の遅延化」ができない中高年

「キレない」とは言い換えると、「欲求の遅延化」ができている状態のことです。欲求を後に延ばすことができるのは内面に欲求を保持する能力があるからです。キレやすい私たち現代人は、気が短くならざるをえない文化の中を生きているのだと思います。

それは様々なサービスの発達で生活があまりにも便利になりすぎたこととも関係があるでしょう。便利になって、欲求を手軽に満たすことができるようになり、欲求を遅延化する必要が著しく低下したのです。私の住んでいる所もそうですが、ちょっと欲しいものがあったら、三〇秒も歩くとコンビニがある。何か買い忘れていても、ぱっと買いに行けばいいわけです。

そして、欲しいものがあったら、スマホで検索して買えばすみます。本当に便利な世の中です。これだけ便利になってしまったら欲求の遅延化をおこなう必要がなくなります。すぐに欲求を実現することに慣れっこになってしまう。エアコンもそうです。エアコンがこれだけ普及すると、少し暑いだけで我慢できなくなってしまいます。

欲求不満に耐える力のことを「フラストレーション・トレランス」(欲求不満耐性)と言います。何でも便利になり効率的に手にすることができるコンビニエントな(便利な)世の中になってしまったがために、日本人全体のフラストレーション・トレランスが急速に低下しているのです。

そうした環境の中で、ただでさえ気力も体力も衰えてきている中高年のフラストレーション・トレランスの低下が急速に進行しています。「欲求の遅延化」ができなくなっているのです。今すぐ自分の欲求を実現したい。今すぐ気持ちを吐き出したい。そんな欲求を抑えられなくなっている中高年が多いのです。

▼すべてを投げ出してしまいたい

私がカウンセリングをしている中高年のクライアントの中には、「もう全部投げ出してしまいたい。全部やめたい」とため息をつく方が少なくありません。これは何を意味するのでしょうか。

すべてが面倒くさい、どうでもいい、心のどこかにそういう思いが募っている。けれど、ここで本当に投げ出してしまえば仕事をクビになって生活ができなくなる。そんな現実的な計算のために実行に移さないだけ。「心の中ではもうすべて投げ出してしまっている」のです。

このような気持ちに襲われる人が増えているのには、いくつかの理由が挙げられると思います。

ひとつは、生命そのものの希薄化現象です。なぜ生命が希薄化したのか。それはＩＴ化によって仕事の効率化が加速したことが大きいと思います。

▼脳のIT化が人間の生命を希薄化させている

インターネット（ネット）環境の急速な進展によって、現代人の脳は大きな変化を余儀なくされています。実際、人間の脳は、ＰＣやスマホを使ったスピーディーな情報のやり取りに無理やり合わせている状態です。これが人間の脳に大きなストレスをかけている。このことが生命の希薄化現象を生んでいるのです。

これだけネットが普及して、スマホで何でも簡単に調べられる。メールも使える。いちいち電話で時間をかけて話す必要もない。本来なら私たちの生活はどんどん楽になっていいはずです。機械がやってくれる分、時間を節約できて、もっとゆったりした生活になっていいはずです。しかし現状は、全然ゆったりとはなっていません。

一番の元凶はメールです。実際、メールによって、ますます忙しくなったと感じている人が多いのではないでしょうか。

これは、とてもアイロニカルな（皮肉な）現象だと思います。仕事を効率よくこなし、生活がより便利になるように人間のために生まれたはずのPC、スマホですが、生活環境のIT化によって人間の脳の負担は増し、より多忙となって疲労が蓄積しているのですから。

現代人の生活はさながらITの迅速なスピードに無理やり合わせて組み立てられているようです。その結果、私たちの脳は自然なスピードを失い、いろいろな不都合が生じてきています。

脳に過剰な負担がかかるというストレス社会ゆえに、うつの人も増えました。いまや総うつ化社会と言ってもいいくらいです。これは日本だけではありません。世界の先進国では総じて、「慢性的な軽うつ化」が進行しているのです。

自分が今、ここに存在していることには、日々のことをこなす、ただそれだけで、それ以上の意味はない。自分がここに存在していることには理由はない。そう感じているのです。

感情を内面に保持することができず、キレやすい中高年の人が増えた現象の背景にも、脳のIT化現象とそれに伴う慢性うつの進行が関わっています。

しかし、脳を無理にITのスピードに合わせる生活は、限界に近づいています。それゆえに、こうした脳のIT化現象はそろそろ破綻するだろうと私は思っています。

▼「心の回復力」が低下している現代人

今、申し上げたことを別の角度から見ると、先ほども触れた通り、中高年の「レジリエンス（心の回復力）の低下」ということが言えると思います。

例えば、東日本大震災（3・11）のようなトラウマティックな出来事がありますｓ。ああいう過酷な災害があれば誰でも落ち込みますが、時間の経過と共に立ち直っていく人と、いつまで経《た》ってもトラウマにさいなまれる人がいる。「レジリエンス」は、両者のどこに差があるかという研究から生まれた言葉です。その違いこそ、「レジリエンス」にあるのです。

IT化が進むことでこのレジリエンスは低下していると思われます。

脳のIT化に伴い、慢性的な軽うつになって自己肯定感が下がる。そして自己肯定感が下がると、辛いことがあっても何とかがんばったり、ふんばったりする力も低下するのです。

▼心が未熟な人ほど、「他人にリスペクトや承認を求める」

未熟な人は他人にわかってもらうこと、他人にリスペクト（尊重）されることを当然のように求めます。自分は人からリスペクトされて当然だという思いがあるのです。これが今の日本の中高年の未熟さの大きな特徴です。

日本社会はおもてなしの文化なので、お客さまを大事にします。それゆえ、ちょっと自分が大切にされていないと思ったら、いきなりキレて店員にクレームをつける人がいます。心の中で「何で、もっと俺を大事にしないんだ」と叫ぶかのように、当然の権利のごとくにキレて、店員にものすごい勢いで文句を言うのです。

未熟な人ほど、他者からの評価を求めます。逆に言うと、「人格が成熟する」ということは「他人に求めなくなる」ということです。「他人に求めなくても、自分で自分を認めているから、自分一人で立っていられる」（自立）ということなのです。他人に何かを求めなくても十分に自立して生きている。他人に褒めてもらったり承認してもらわなくても、自己肯定感を持って、自分はこれでいいのだという感覚を持って生きていくことができる。これが真に「自立した大人」＝「成熟した人格の大人」です。それが持てないということは「大人としての未熟さ」の証です。

しかしまた、逆の面から言えば、本心では「自分のことをわかってほしい」、「自分のことを大事にしてほしい」と思っているのに、これを素直に言えない。これもまた中高年の未熟さです。「僕はこういうところをちょっとあなたにわかってほしいんだけど」とか、「もうちょっと僕のことを大事にしてくれないかな」と素直に言えればいいのに、未熟さゆえのプライドが邪魔して言えずにいるのです。

人格が成熟した人は、自分の弱点を人にある程度見せても平気です。自分の弱点を人に見られたくない。人に助けを求めることができない。そのこと自体が未熟さの現れです。

もう少し自分のことを理解してほしいとか、大切にしてほしいと言えないとどうなるか。今度は相手を責めます。クレームに出るわけです。その結果、クレーマーがものすごく増加しています。「クレーマー」というのは、「他人に求める行動」の端的な例です。「他人に求める」時に、「もうちょっとこうしてほしいんだけど」とか、「私はあなたに、もうちょっとこうしてほしいんだけど、お願いできないだろうか」というような仕方で「きちんとていねいに言える人・言葉で表現できる人」は人格が成熟している証です。

相手にしてもらいたいことをきちんとていねいに言えない人はどうなるかというと、いきなりキレます。これが言えないがゆえに「あんた、何でこうなの！」とか、「大体、あんたがおかしいんじゃないの？」などと言ってしまう。そうすることでしか自己表現ができないところが、とても未熟なのです。

▼「相手の視線で見る」のが大人の作法

成熟した大人、中高年の作法のひとつは、相手にも配慮しながら自分の思いや考えを伝える「アサーション」(assertion)という方法を身に付けることです。「アサーション」は自分も相手も大切にする表現のスキルです。

例えば、ある店員さんが態度が悪く、オーダーも間違えたとしましょう。こんな時、「頼んだのと違うけど、これでもいいです」などと言ってやたらと自分を抑えすぎるのもよくありません。これを「非主張型」の表現と言います。こういう人はストレスがたまります。

今増えているのはむしろ「攻撃型」の表現しかできない中高年です。「何だ、これはオーダーと違うじゃないか。何分待たせるんだ。俺はもう帰る」と言って、いきなりぶちギレて店員を困らせる。このタイプの表現を「攻撃型」と言います。

ため込む非主張型でもなく、キレる攻撃型でもない、自分も相手も大切にできる仕方で思いを表現できる人が「アサーション型」です。

アサーションが身に付いている人は例えば、「すみません、ちょっとこれ、頼んだのと違うんだよね。作り直してもらえるとありがたいんだけどな。オーダーをもうちょっとていねいに確認してくれるとありがたかったんですけどね」と言える。上から目線で暴力的に文句を言うのではなくて、やんわりと相手を傷つけないように配慮をしながら、でも自分の言うべきこと、言いたいことはていねいにきちんと伝えることができる。これが「成熟した大人の作法」というものです。今はこういう「大人の物言いの作法」を身に付けていない中高年が多すぎます。

ひたすら「相手に求める」、「相手にわかってもらう」ことを求め続ける。「相手に大切にされる」ことを求めて、絶えず「周りからリスペクトされる」ことを当然の権利のごとく求めてしまう。

このように「表面的なプライド」にすごく固執する人には、本当の意味での自己肯定感はありません。だからネットなんかでたたかれると、すぐにへこんでしまう傾向があります。「俺はダメだ」とすぐに思ってしまう。人からたたかれて、すぐに逆ギレするのも自己肯定感が低いせいです。自己肯定感が低いからこそキレてしまうのです。自己肯定感は高くないけれど、表面的なプライドだけが頑《かたく》なにあるのです。

本当の意味での深い自己肯定感を持っている中高年であれば、たとえ多少ネットで非難を浴びたとしても、「こういう見方もあるのか。でも私にはこういうところもある」と言って、自分の中でバランスを取ることで傷ついたり落ち込んだりせずにすむ。これが成熟した人格の特徴です。

▼中高年の成熟は自己中心性を脱却すること

日本の中高年が成熟するためには、自己中心性をいかにして脱却するかが重要です。より広い視点で物事を見る。他者の視点で物事が見られるようになる。もっと言うと、「ほかの世代の視点」＝「若い世代の視点」で物事が見えるようになるということが「中高年の成熟」につながります。だから私は、日本の中高年でも本当に成熟している人には、若い人を支持する人が多いと思うのです。

例えば選挙ではよくこう言われます。若者は自分たちの利益になるような候補者に投票する。中高年は自分たちの経済的なメリットを優遇してくれそうな候補者に投票する。だから、圧倒的に数が多い高齢者が有利で、若者は勝てっこない、と。

しかし、ここで中高年があえて若者世代の視点に立つことができれば事態は変わります。長期的に見れば若者が滅びてしまったら日本社会全体が立ち行かなくなることを見据え、若者の生活を安定させるような候補者に中高年も投票する。中高年がもっと成熟すれば、そんな視点で投票する人が増えるはずです。

▼多視点性と寛容さが成熟へのキーワード

このことは、人格の成熟について本質的な点を示しています。例えば、典型的なクレーマータイプは「被害者」、「消費者」、「少数派」といった特定の視点に固定され、その視点からしか物事を考えることができずにいます。この特定の視点への同一化、固定化（その視点からしかものを考えられなくなっていること）が、未熟さの現れです。

逆に、特定のどの視点からも「脱同一化」できていること、「被害者」の立場と同時に「加害者」の立場にも立てること、「少数派」の立場と同時に「多数派」の立場にも立つことができ、「消費者」の立場と同時に「供給者」の立場にも立つことができるという「多視点性」こそ、成熟している人間の思考の特徴です。どの立場からも「脱同一化」し、「こっちの立場から見ればこうだけど、あっちの立場から見ればこうかな」というように、同時に多様な視点に立つことができる、という「多視点性」こそ人格の成熟の証です。どの立場にある人も同じ「人間」として、精いっぱい取り組んでいるのだという寛容さがそこに生まれるのです。

▼「完全主義者」、「努力至上主義者」は、心が子どものまま

「完全主義」や「理想主義」は人格の未熟さの現れです。例えば、テストで九八点取っても、「もう嫌だ」と言ってテストをビリビリ破る子どもがいます。「自分はパーフェクトでないとダメだ。そんな自分は認められない」というわけです。

これと同じように「心が未熟（子ども）な中高年」もピカピカの「完全主義」に陥りやすいのです。

今、新型うつが流行《はや》っています。これは、自責の念が強い従来型のうつとは違い、他責の念が強く、「上司は自分のことをわかってくれていない」と落ち込んでしまう新しいタイプの「うつ」です。上司のことを盛んに責め立てて、「こんな会社は辞めてやる、僕がうつになったのは上司であるあなたが僕を理解しないせいだ」と言うのです。こうした「他責」も本人の心の中のパーフェクショナリズムの投影です。

今、中高年になっても、いつまでもパーフェクショナリズムから逃れることができない人が増えています。そして完全主義の傾向が強い人の多くは、努力偏重主義者です。

この「努力偏重主義」と現代を覆う「不寛容な社会の空気」、そして「何の落ち度もない」者に責任を求め続けるクレーマー現象とは微妙に重なりあって、相互に助長しあっています。

つまり、「完全主義の人」には、こういう思いがあるのです。

「努力すればすべての問題は解決するはずであるし、そうあるべきだ」、「問題を抱えている人は、努力が足りないのだ」。これが未熟な中高年の多くが抱いている考えであり、また社会の不寛容な空気を助長しているものの正体です。

「努力すればすべてのことが何とかなるはずだし、そうなるべきだ」という「べき」「はずだ」——英語で言うと“should”です。人生の現実とは異なったこうした思い込みを心理学では「イラショナル・ビリーフ」と言います。このイラショナル・ビリーフを頑なに持っている方が中高年にたくさんいます。

もちろん努力そのものは悪いことではありません。悪いのは完全主義、努力至上主義を抱いている人が思うようにならないと非常に落ち込んだり、怒りが湧いてきて他人を責めたりする点です。

「努力すれば何とかなるはずだ」というのは、必ずしも人生の現実と一致しません。「人生、努力しても何ともならないことだらけ。むしろその方が多い」くらいです。少なくとも私の人生はそうでしたし、今もそうです。

現実を受け止めることができずに、「努力をしていれば何とかなるはずだ」という思いにとらわれると、心は不自由になります。このため、うつになる人も多いのです。

努力至上主義の人は、努力目標をクリアしたら、また次の高い目標を設定します。だから、努力しても、努力しても、ゴールはますます遠のいてしまいます。

あるゴールを設定したと思うと、また次のゴールが見えてくる。「無限に続いていく心の階段」をどこまでも昇っていかざるをえない。結局、死ぬまで階段を昇り続けなくてはならない苦しいばかりの人生になってしまいます。こういう「努力至上主義」の人は、常に「未来」に目標を設定し続け「未来を思い描き」続けます。その結果、「今」がないがしろにされてしまいます。「心ここにあらず状態」で、今を生き流しているのです。

真に成熟した人格の持ち主は、未来志向性よりも現在志向性が強い。「今」の充実を大切にします。

一方、未成熟な単なるまじめな人というのは未来志向性が強くある。何歳になっても、心は子どものままで、未来の目標達成のために現在のこの瞬間を犠牲にしています。子どもの時の優等生主義のまま生きていて、そこから脱却できない未熟な人なのです。

人生の中盤を過ぎ本当の大人になれば、むしろ未来に目標を設定して努力するよりも、現在、この瞬間の大切さが身に染みてきます。今、この時間を充実させるという現在志向性がより強くなってくるのです。

▼「永遠の少年元型」
――いつまでも「まだ本気を出していない」と言い続けるあの人は、いつ本気になるのか？

パーフェクショナリズムに陥っている人は、「永遠の少年元型」にとらわれています。「元型」というのは、すべての人間に無意識のうちに備わっている心の基本的な型《パターン》のことです。ユング心理学の用語です。

「永遠の少年元型」にとらわれている男性は、いつまでも「未来の可能性」ばかりを追っていて、そこからなかなか脱却できません。そんな男性が今すごく増えています。

今は寿命が長くなったこともあり、「三五歳までに就職できればいい」とか、「結婚できればいい」という人が多くなりました。さらには、「三九歳までに就職・結婚できればいい」と思っている人もいる。中には「四五歳まで」と思っている人までいます。

つまり、大人になるまでの時期、青年期がどんどん長くなっているのです。人によっては六〇歳まで青年期の人もいます。これは「永遠の少年元型」にとらわれているのです。

こういう人は、心の中でずっと「まだ俺は本気を出していないだけ」、「今の自分は本当の自分ではない」と思っている。本当の自分は未来に実現するという「永遠の少年元型」にとらわれているのです。

しかし当然のことながら、四〇代、五〇代の人間に残された人生の時間はそれほど長くはありません。もう猶予は許されていないのです。

もう本気になるしかない。「これまでの人生で、まだやり切ったことが何もない」と感じている中高年は、残された人生を本気で生きぬくしかないのです。

▼仕事を減らせないのは、未熟さの現れ

現実を見ることができること、現実をあるがままに受け止めることができることが、成熟した人格の証です。自分がどんどん老いていく。能力が低下していく。病気になっていく。こういう現実をあるがままに受け止めていくことが成熟していくことの大きな特徴のひとつです。

心が未成熟な人は、「若さ」に過剰な価値を置きますから、加齢によって体力が衰えていても、若いころと同じぐらいの仕事量をずっと抱えています。結果、疲労感にさいなまれて、脳が過労死状態になってうつになりがちです。これは現実を受け入れられていないことの証拠だと思います。つまり、現実の状況を正確につかむ現実検討能力が低いのです。

現実検討能力が高い人は、二〇代のころの自分だったらこれぐらいできたけれども、五〇代

の今だったらこれしかできないとか、四〇代の時はこのスピードでできたけれども、五〇代になったらもうちょっと時間が必要かな、というように、「自分は何ができて、何ができないか」をきちんと検討することができます。この「現実検討能力」を成熟している人ならば持ちあわせているのです。

老い、病んでいくことで人格は成熟することができます。能力の低下は、人格の成熟にとって決して妨げにはなりません。このことをきちんと受け入れられることが成熟には欠かせないのです。

▼未熟な人ほど、人に頼れない――「ほどよく依存」、「ほどよく自立」の大切さ

ここ数十年で日本の多くの家庭は大家族から核家族に変わり、そしていつの間にか単身世帯が過半を占めるようになりました。個を中心とした文化に変容したのです。

もともと日本人は大家族主義の下、わっせわっせとみんなで集まることによって、お互いほどよく依存しあいながら生きていくことをよしとして暮らしてきたのです。けれども、今は自立ばかりが求められるようになってきた。自立ばかりが求められ、依存を否定的に見る世の中になってしまった。中高年の孤立化をこれ以上進めないためには「ほどよい依存」の大切さを

取り戻すことが必要です。

そして、「自立」偏重主義の中で、「ほどよい依存」を捨ててきた自己責任社会を問い直すべきです。「自己責任」という概念が私たちを孤立に追い込んでいる元凶です。

つまり、依存するのはよくないことだ、自分のことは自分でできないといけないのだという考えが強すぎるのです。その結果、自分の能力が低下しても、できる限りは自分でやらなくてはいけないというふうになってしまう。「ほどよく自立、ほどよく依存」という考えを、私は浸透させていきたいと思います。

生活保護を受けなくて餓死するという事件が以前ありました。なぜ、生活保護が受けられないかというと、社会の中で刷り込まれた硬直したプライドのゆえです。

いのちとプライドはどちらが大事か。私自身はいのちの方が大事だし、当然そう考えて然《しか》るべきだと思うのですが、プライドの方を大事にしてしまう世の中の風潮がある。「恥の文化」です。生活保護を受けるのは恥ずかしい。生活保護を受けるぐらいだったら死んだ方がましだという世間体とか恥の意識のためにいのちを落としてしまう。そのような自己責任のプレッシャーが中高年の孤立化に拍車をかけています。

辛いことがあったら「辛いよ」と言って弱音を吐く力――「援助希求力」(help-seeking

attitude）こそ、中高年が現代を生きぬくために必要な力です。助けを求めるべき時は堂々と助けを求める。これは家族にもそうだし、近所の人たちにもそうだし、友達にもそうだし、行政に対してもそうです。自分はこのままではヤバいと思ったら、すぐ助けを求めることが重要です。

いのちを失うリスクがあるのに世間体を気にするのは、本当に愚かなことだと思います。援助希求の力が低すぎるのです。

うつ病になっても病院になかなか行かずにこじらせてしまう人も同様です。ほとんど眠れないし、毎日落ち込んでいるのに、メンタルクリニックに行くなんてことは恥ずかしいことだと思って、行かずにこじらせてしまうのです。こういう人はとても多いです。そして人生のかなりの時間を棒に振ってしまうのです。本当にもったいないことです。

うつ病になっても多くの場合、仕事を続けながら三カ月ほど投薬治療を受ければ普段と変わらない生活を送ることができるようになります。しかし、薬を飲むのが遅れると生活のリズムに大きな乱れが生じて、職を失わざるをえなくなって、その結果、家庭崩壊になって離婚ということも多いのです（逆に、薬に頼りすぎるのも、問題ですが）。

もしそこでうつの早期発見、早期対応をして、早めにメンタルクリニックに行けばすべての問題が解決するケースも少なくありません。私としては、メンタルクリニックやカウンセリング機関をもっと気軽に利用してほしいと思います。

要は、「人に助けを求めるのは恥ずかしい」という愚かな思い込みを捨てることです。

人は一人では生きていけないのですから。

「人に助けを求めるのは恥ずかしい」というのは、言葉を換えれば、自分は一人でも生きていけるという傲慢な考え方です。これからの時代には助けられ上手であることが中高年に必須な能力となります。

▼人格の成熟に必要な三つのもの①「自分の人生に与えられた使命・天命」

私が、これからの時代に中高年が成熟していくために必要だと思うことが三つあります。

ひとつは、「これが自分の人生に与えられた使命だ」と思えるものを見つけることです。我を忘れて没頭するものがあるということです。

自分のことだけにこだわって生きているうちは、日本人はこの先、成熟することはないでしょう。

自分なりのものでいいので、我を忘れて没頭していける何かを見つける。しかもそれが、自分だけの利益になるのではなくて、社会のためになる。世界のためになる。「自分はこの社会の一員として意味をなしているのだ」、「これをなすことが私の一番の心からの喜びだ」という、アルフレッド・アドラー（オーストリアの精神医学者）が言う「共同体感覚」です。この感覚がないと「人生の使命」は見つからないでしょう。

作家の司馬遼太郎は、『「明治」という国家』という本の中で、明治時代の日本人は自分が国民としてどう生きるかということを常に考えていた。自己と国家とはまったく切り離すことができず、国家という視点から自分の生き方を国民全体が考えていたということを書いています。明治時代の人々の方が、自己中心主義、利己主義で生きる現代人よりはるかに幸福度は高かったと思います。原理的に人間の心は、自分のために生きるより、ほかの誰かのため、あるいは社会（世の中）のために生きる方が幸福になるようにできているのです。

ビクトール・フランクルもこう言っています。

「人間というのは、自分の幸せを探求している間は幸せになれない。幸せは追いかければ追いかけるほど、逃げていく。逆に自分が取り組むべき何かに我を忘れて取り組んでいるとき、自分の人生に与えられた『使命』に我を忘れて取り組んでいるときに、幸福は結果として、自ずと、自然発生的な現象としてやってくる」

今の若い人たちの方が、中高年世代よりもこのことを敏感に感じ取って生きています。学生を見ても、私たちの時代より、はるかに社会問題に関心を持っている人が多いように思います。

それは例えば、ＧＤＰの増大などという経済的目標を掲げたところで、現在よりもこの社会全体がよくなっていくことなどありえないとわかっているからです。

最近、授業で学生たちと話していたら、難民問題に取り組んでいる学生が多数いました。ある学生がこう言いました。「私たちにとって必要なのは自己実現よりも世界実現だ」と。この感覚は、私は、未来への貴重な希望のひとつではないかと思います。

そして、これに乗り遅れないように中高年もこの感覚を持つべきだと思います。むしろこの点については、中高年は若い世代に学ぶべきなのです。自分のことばかり考えていたのでは真の幸せは手に入らないでしょう。

▼人格の成熟に必要な三つのもの②一人になって自分を深く見つめる「深層の時間」

ふたつ目は、一人になって自分を深く見つめる時間を持つことです。「深層の時間を経験すること」とも言えます。

例えば、一人になって湖を見ながらぼーっとする。そして、自分の内側の深いところに意識を漂わせる。そんな時間です。そうすることによって、次第に意識が変性していきます。すると、時折ふと新たな気づきがもたらされてくるのです。

手軽な方法としてお勧めなのは、ちょっとした揺らぎの状態に身を置くことです。

私自身は東京ドームホテルの最上階のラウンジに夕方行くのが好きです。ジェットコースターや電車の行き来を見ながら、ちょっとした変化の中でぼーっとしていると意識の在《あ》り様が変わって、深いところに意識がとどまっていくのです。そこで自分の人生にとって「本当に大事な何か」にふと思いを寄せることができる。つまり、「本来の自己」に立ち戻ることができるわけです。「自分という存在の原点」のようなところにふと立ち戻って、人生を自己点検することができるのです。

このように、自分の内側深くに漂っている時の時間はゆっくり進んでいきます。これを私は「深層の時間」と呼んでいます。その反対にあるのが、日常の「表層の時間」です。この「深層の時間」を体験することは、私たちが「本来の自分」に立ち戻るために必要なものなのです。

こうした時間を中高年はあえて持つ必要があります。週に一回、「この曜日の、この時間に、ここの場所（例：近くの川のほとりのカフェ）」に行って「深層の時間」を持つなどして、自分流に時間を設定して、計画的に「深層の時間」を体験するとよいと思います。より具体的な方法は第三章でも解説します。

▼人格の成熟に必要な三つのもの③深く交流しあう体験

中高年が自己を成熟させるために必要なものの三つ目は、深く交流しあう体験を持つことです。「深層の時間」において深く自分を見つめ、ほかの参加者と深く交流できるひとつの場が、私がおこなっている心理学のワークショップ（気づきと学びの心理学研究会　アウェアネス http://morotomi.net/）。体験的な心理学の学習の場です。

ここに参加する方は、深く自分の人生を見つめたい、本当に今の自分の生き方でよいのか確かめたい、それを誰かと深く語りあいたい、と思って来られます。そこでワークに取り組みながら、お互いに深く自分を見つめる。深いところで交流しあうのです。

これは、日常生活では不可能です。洗濯もしなければいけないし、食事も作らなければいけない。掃除もしなきゃいけない。忙しい現実があるから、生活をスピードアップせざるをえません。職場に行けば様々な仕事が待ち構えています。こうした日常的な人間関係の中では「深層の時間」を生きることは不可能です。

交流の「場の力」が果たす役割はとても大きいものがあります。「場の力」に支えられて、お互いが真剣に自分を見つめ、深いところで交流しあっていると、「場の雰囲気」そのものが変わっていきます。「場の雰囲気」そのものが成熟してくるのです。

例えば月に一度とか二カ月に一度、ワークショップに通って、「成熟した場の雰囲気」の中に定期的に身を置くと、その「場の力」によってその人の心が育てられていくのです。

ぜひ、こういう体験を持つことをお勧めします。

▼人格が内面的に成熟していく六つのプロセス

この章で最後に申し上げたいのは、人格が内面的に成熟していく時の次の六つのプロセスです。

①自己の内面に意識を向ける。自己と外界との接触を断ち切って一人になって自分の内面に向かう。
②自らの人生に与えられた意味と使命を問う。
③自分の内側に響かせながら、問いを発し続ける。「答えなき問い」を問い続ける。

④他者との深い内面的な交流の時間を持つ。心理学的な体験学習（ワークショップ）などに参加する。

⑤「本来の自分」に立ち帰る。自分が生きていることの意味、自分の人生に与えられた使命にふと目覚める。

⑥新たな気づきを得た後に、現実世界に戻って行動し始める。日常と非日常との間を行ったり来たり、「往還」する。

ワークショップに来た時は気づきを得るけれども、現実の人生が変わらないという人がいます。こういう人は日常と非日常との「往還」がないのです。

大切なのは、日常と非日常との往還運動、表層的な世界と深層の世界との往復運動です。ここに挙げた六つのプロセスを繰り返し、この往復運動を体験することで、私たちの人格の内面的な成熟は進んでいくのです。

第二章　成熟した大人の六つの人生哲学

この章では、成熟した大人が持つべき、六つの人生哲学を取り上げていきます。
すなわち

①人はわかってくれないものである
②人生は、思いどおりにはならないものである
③人はわかりあえないものである
④人間は本来一人である
⑤私は私のことをして、あなたはあなたのことをする
⑥仲間から孤立し一人になってもやっていけないことはない

▼大人が持つべき六つの人生哲学

の六つです。

ひとつ目は、これ。

①人はわかってくれないものである

大人の持つべき人生哲学の第一は、

「人はわかってくれないもの」

「わかってくれる人だけ、わかってくれればそれでいい」

「すべての人にわかってもらう必要はなし」

大人になるためには、こうしたある種の諦め、割り切りが必要です。

人格が成熟するには、「垂直性（心の深みの次元）を生きる」ことが大切です。垂直性を生きる――精神性の深みを生きるようになることが必要です。

そして、垂直性の次元（精神性の深み）を生きるようになるためには、それに先立ってまず、水平性の次元（他者との関係性の次元）に心の中心軸を置くのをやめること、他者との表面的な関わりに軸を置いて生きるのをやめることが必要です。それが可能になるためには、「すべての人にわかってもらおう」とする未成熟な万能感を捨てること。「人はわかってくれないもの」だし「わかってくれる人だけ、わかってくれれば、それで十分だ」という心構えを身に付けることです。これが、大人になるための第一歩です。

▼しがらみを断ち切る——中高年に必要な心の軸の転換の第一歩

人にわかってもらおうとする。成功したいし、お金をもうけたい。生きていくにはこういったことももちろん大事ですが、それらは水平性の次元にあることです。

しかし、水平性を生きるのは、「人生の午前」、せいぜい四〇代前半までの課題です。それ以降は「人生の午後」を生きることになります。

人生の前半は、水平性を生きていてよいのです。外に向かってどんどん突っ走っていけばいい。社会的な地位を得る。異性のパートナーを見つける。いい車を買う。家を建てる。けれども、四〇代半ば以降は、そんな生き方はもう通用しなくなる。それだけではどこかむなしくなるのです。それを転換して、垂直性の次元へ、精神性の深みの次元へと心の軸を転換しなくてはなりません。

では、その第一歩として何が大切かというと、水平性の次元を切断すること。余計な人間関係を切ることが必要になります。

これはいわば、人間関係の断捨離です。余分なものを捨てるのと同じように、余分な人間関係のしがらみを捨てる。断ち切る。人に助けを求めないといのちに関わる状況でもない限りは思い切ってそれを切断しないと、内面性、精神性へと意識は深まっていかないのです。

「いざとなれば、誰にもわかってもらえなくていい」

「わかってくれる人がいなくてもいい。私は私でやっていける」

こうした、ある種の「割り切り」、「嫌われる勇気」が必要になってきます。しがらみを断ち切り、人にわかってもらおうとする欲を捨てなければ、真に自分と向きあおうとすることなど、なかなかできないものです。心の中にうずまくノイズ（雑音）を下げて、自分の内側にスッと意識を向けていくためにも、まず「人にわかってもらいたい」という俗な欲望から、相対的に自由になっておく必要があります。

ここがスタートラインです。

②人生は、思いどおりにはならないものである

心が未熟な人というのは、言葉を換えて言うと、「万能感にあふれた人」です。

万能感はどうやって生じるか。それは、ジークムント・フロイトが言ったように、母親の子宮の中にいた時です。母親の子宮の中にいる時は、安全だし、完全に守られている状態です。完全なる万能感にひたっていられるのです。

人間にとって、この世に生まれてくることは、この「完全な万能感」から外に出されるということ。ある意味、死と同様の「大きな喪失」です。人間は生まれてくる時に最高の幸福状態を失うのだと、フロイトは考えるのです。

母親のおなかの中にいる時は、誰もが持つことができるこの万能感——自分の思うままになるという万能感——これを減少させていくことがすなわち、成熟する、大人になるということです。現実を受け入れて、「自分は万能ではない」、「すべては思いどおりにはいかないものだ」ということを受け入れていくのが、成熟するということです。人格の成熟というのは「万能感の喪失」と共に進んでいくものなのです。

言葉を換えて言うと、大人になれない人というのは、いつまでも万能感にあふれた、未熟な人だということです。

では、未熟な人にはどういう万能感があるのか。代表的なのは、「がんばっていれば人は理解してくれるはずだ」、「努力していれば人は理解してくれて当然だ」という考えです。この万能感は努力家に多いものです。努力に過剰に価値を置いている。勤勉な努力家の多くは、自分のその努力するということにあまりにも大きな価値を置いているのです。

しかし、現実には、「いくら努力しても理解してもらえない」時がある。「いくら努力しても評価してもらえない」ことがある。これが人生の現実です。

それがわかっていて、なお、「それでもくさらずにがんばり続ける」のが、大人になるということです。けれども、なかなかそうなれない人が多い。

「人にわかってほしい」、「リスペクトしてほしい」という気持ちが強ければ強いほど、人格が未熟な証拠なのです。

▼「人に理解してもらえなくても、自分には価値がある」とわかっている

この本を手に取ってくださっている方は、「真に成熟した大人になりたい」というお気持ちの方が多いと思います。

そのためには、まず、自分はどれだけ子どもなのか、どれだけ未熟なのかということを知っ

ておく必要があります。

人格の未熟さを示す尺度のひとつが、「わかってほしい」とか「リスペクトしてほしい」という気持ちがどれだけあるかということです。こうした気持ちが強ければ強いほど、自分はまだ未熟なのだと考えていただければいいと思います。

言葉を換えて言うと、真に成熟した大人というのは、「理解を求めない人」です。人から理解されることを求めない。というのも、「理解してもらえなくても自分には価値がある」ということがわかっているからです。揺るがない自己価値感がある。そこに心の余裕が生まれます。

すると、人にわかってほしい、理解をしてほしいという気持ちはそんなに持たなくてすむようになります。同時に、成熟した大人というのは、自己を生きる、自分自身を生きる、自分らしく生きるということができている人でもあります。そのためには、やはり自己というものをきちんと確立している必要がある。そうでないと、「わかってもらえなくてもいい」、「理解してくれなくてもいい」とはなかなか思えない。自己が確立されていると、わかってほしいとか、リスペクトしてほしいという気持ちをそれほど強くは持たずにすむでしょう。

子どもは、他者の期待に応えなければ自分というものに価値があるとは思えない存在です。だから、子どもは、親の期待に応えてなんぼ、と自分のことを思っています。親に見捨てられたら大変だと子どもは思っているのです。それはなぜかというと、子どもは親からの承認なしでは生きていけない存在だからです。親から承認されることなしには生きていけない弱い存在だからこそ、親からの承認を強く求めるのです。

真に成熟した大人というのは、この真逆です。真に成熟した大人というのは他者から承認されなくても、自分のことを価値ある存在であると感じることができるのです。それは、他者からの承認がなくても自分はもう十分に生きていけるし、自分で自分のことを価値ある存在だと思うことができるからです。このように、「承認欲求と自己価値感」はワンセット、裏表の関係にあるのです。

▼自己承認欲求の肥大化が人格の成熟を妨げている

ネットの世界には、「私を認めて」、「僕を認めて」といった類の承認欲求があふれかえっています。とりわけSNSの普及によって現代人の「承認欲求の肥大化」が急速に進んだと言っていいでしょう。

しかし現代人の自己承認欲求が強いのは何もネットのせいだけではありません。

人から認められたいという気持ち、承認欲求は誰にでもあるものです。先にも触れたマズローという著名な心理学者が「欲求の階層説」の中でこう言っています。まず人間というのは生理的欲求を求める。トイレに行きたいとか、空腹を満たしたいとか、睡眠を取りたいという生理的欲求です。これが満たされたら、次に安全や所属の欲求を求めるようになる。そしてそれが満たされたら、承認の要求が出てくるというのです。

現代人は、ここでつまずいている人がすごく多いのです。例えばFacebookの「いいね！」に象徴されるように、SNS全盛のこの時代はまさに「承認欲求の肥大化」が進んだ社会。いかに未熟で幼稚な心性が育まれやすい環境であるかがよくわかると思います。そして承認欲求が満たされないと、次に行けないのです。

承認欲求が満たされないために、いつまでも自分に価値があると思えない。四〇歳になっても、五〇歳になっても、人からの承認を求め続ける。絶えず人から認めてもらい続けなければ、自分で自分のことを価値ある存在と思えないという状態が続く。これが人格が未熟であるということです。

もちろん、中高年になっても承認欲求そのものがなくなることはありません。いくつになっても承認欲求がなくなることはない。成熟した大人でも人から認められたいという気持ちはあります。ただ成熟した大人にとっては、それはもはや自己価値感を保つために必要不可欠なものではなくなるのです。これはとても重要なことです。

▼他者から承認されなくても自己価値感を保てるのが大人

真に成熟した大人と、未熟な人との一番の違いは、承認されることが自己価値感を保つためにマスト（不可欠）か否かということです。もし人から認められなければ自己価値感を保つことができないというのであれば、それはその人の心が未熟な証拠です。真に成熟した大人というのは、たとえ人から承認されなくても自己価値感を十分に保つことができる、そういう安定した自己価値感が確立されているのです。

もちろん、何があってもまったく揺るがない自己価値感を持っている人などいません。どんなに罵倒されても自信はまったく揺るがない、そこまでの自信を持っている人はめったにいるものではありません。ほどよく安定した自己価値感が、成熟した大人になるためにはやはり必要です。人から批判されただけですぐに自分が崩れていくような恐怖を感じる人は、やはり成熟した大人とは言えないのです。

多少のことを言われてもびくともしない自己価値感を確立していく。この「ほどよく安定した自己価値感」を持っているということが、成熟した大人になるために必要な前提条件であると私は思います。

▼青年期が異様に拡大された現代

いつまでも大人になれない人は、いつまでも万能感にしがみつかざるをえなくなります。その意味で、現代は万能感を脱して自己価値感を確立するのに長い時間を必要とする時代にあると言えます。青年期が異様に拡大し、「大人になるまでの猶予期間」が際限なく延長されているからです。

自己価値感は、現実に即したリアリティのあるものです。一方、万能感はファンタジーです。例えば、まだ自分は漫画家になれていないけれど、いつかきっといい作品を描けるはずだと思い、夢を捨てられない。少し前に堤真一さんが主演した映画「俺はまだ本気出していないだけ」では、もういい歳になっているのに、いつか漫画家になれるという幻想を抱き続けている主人公が描かれていました。

青年期はいつまでかという議論があります。これが現代では非常に難しい問題になりました。例えば、一九七五年放送の中村雅俊さんが主人公の青春ドラマ『俺たちの旅』を今見ると、そこに出てくる大学生はことごとくおっさんに見えます。大学生ではなく、三〇代半ばくらいに見える。かつては大学生というと、もう大人のイメージだったのです。

当時の大学生は、今の感覚で見るとかなり老成していて、三五歳くらいに見えます。現代ではその三五歳くらいまで青年期が延長されてきました。以前は二〇歳とか、せいぜい二二、二三歳くらいまでが青年期だったのが、今は三五歳くらいまで延びてしまったわけです。厚生労働省の見解でも、フリーターやニートは三四歳までです。その定義に従えば三五歳を過ぎたら、フリーターでもニートでもなく、単なる無職になります。

ある調査では「ポスト若者世代」は三九歳までとされています。現代の日本において「大人になるまでの期限」は三五歳から三九歳まで、さすがに四〇歳を過ぎると自立してもらわないと困る、というのが一般的な共通認識でしょう。

豊かになった現代の日本では、万能感を減少させるべき猶予がものすごく長く与えられています。三五歳から三九歳くらいまでに徐々に減らせばいいという世の中になってきている。だけど中には、四〇歳になっても、五〇歳になっても万能感を減らすことができない人がいる。これが困った問題になっているわけです。

▼「現実検討力」を伴った、「ほどよい万能感」を育てる

今、増えている三〇代、四〇代の引きこもりの人や、中年ニート、フリーターの人にも、現実に何か行動をすると挫折するのが怖いという気持ちが強い場合が少なくありません。内側に強い万能感を抱えていて、自分は本当はすごい力を持っていて、いざとなれば結構なことができると思っているのです。

一方で万能感を持ちながらも、中年ニートや引きこもりにはならず、現実的にバリバリと行動して、活躍している人もいます。この差はどこから来るのでしょう。それは「現実検討力」があるかないかの差です。

現実検討力というのは、例えば画家になりたいと思ったけれども、いきなり純粋なアーティストとして食べていくのは難しいから、専門学校で美術の講師をやろうと算段する。あるいは歌手になりたいけど、プロになれる才能はなさそうだから、サラリーマンをしながら趣味で歌をやっていこうと決める。こういう能力が現実検討力です。

現実検討力は子どもの時に親が何でも先回りしてやってあげるようなことをしていると育ちにくくなります。音楽の時間に笛を忘れたらママが届けてくれる。忘れ物をしても何も困らない。こういう毎日を送っていると現実検討力はどんどん弱まっていきます。

この時大事なのは、子どもが笛を忘れても、放っておくことです。音楽の時間に自分だけ笛がなくて吹けない。一人ぼーっとしていなくてはいけない。こういう辛い現実に直面することで、子どもは今度忘れ物をしないためにはどうすればいいかという現実検討力を身に付けるわけです。

子どもがちょっと困った時に、親がそれをかわいそうに思って、先回りしてやってあげていると現実検討力を培う機会を奪うことになるのです。

同じ万能感を持っていても、引きこもりやフリーター、ニートのまま中年にならず、いろいろな行動を起こせる人は、現実検討力を持っているのです。現実検討力を培うことで、どこかいびつであった万能感をほどよい万能感へと変えていくことが可能になるのです。

▼クレーマーと新型うつに共通するもの

なかなか大人になれない未熟な人が他者と関わりを持つ時、その未熟さの現れ方が極端な場合、新型うつになるか、クレーマーになります。新型うつとクレーマーは、表面的には真逆のように思えますが、実は根っこは同じです。どちらも自己価値感を保つのが困難で、それゆえ自分の問題を他人のせいにする傾向があるのです。

従来型のうつの人は、まじめで自分を責めます。自分なんかダメだ、と自分を責める、自責の念にとらわれやすいのが従来型のうつです。一方、従来型のうつとは反対に他罰の意識に襲われるのが新型うつの人です。

仕事のやる気が起きないのは、「自分を理解してくれない上司が悪い」、「自分のよさを引き出してくれない周囲が悪い」という思いが、新型うつの人にはある。すぐ人のせいにして他人を責める傾向が強いのです。そのため仕事中はやる気が出ないのに、アフターファイブは盛り上がるし、海外旅行にも行ったりするのです。だから、周りからすると、どうにも怠けにしか見えない。何でも人のせいにしているようにしか思えない。けれども、本人自身はどうしてもやる気が出ないのだと困っているのです。

本当にうつ病と言えるかどうか、議論の余地はあると思いますが、私は、本人がやる気を出そうと思っても出ない以上は、やはり、うつの一種なのだろうと思います。

そして、この新型うつの背景には、本人の人格の未熟さがあります。親に支えられながら少しずつ万能感を減少させるという体験ができなかったために、いつまでも万能感にしがみつかざるをえない。そういう人が、新型うつになりやすいのです。

▼クレーマーの心理

新型うつと並んで、もうひとつ、自己価値感が確立できていない未熟な人がなりやすいのが、クレーマーです。自己価値感が確立できていないと、何か問題があるとすぐに自己が揺らぎます。その揺らぎを収めるためにすぐに相手を責めるのです。

新型うつの人も他罰傾向が強いため、相手を責めますが、クレーマーになるほどの元気はありません。一方、クレーマーの場合は、元気があるので相手を責め続けます。

それゆえに、クレーマーの人は、一見、自信満々で相手を攻撃しているように見えるのですが、そういう方の話をよく聞いていると、内側では自己価値感が揺らいでいることが多いのです。例えば、「夫とうまくいってなくて罵倒されている」とか、「子どもから暴力を振るわれている」とか、「パートに行けばパート先でバカにされている」——こうした理由で自己価値感が傷つけられているのをいわば補うために、逆に誰かを罵倒し返す。相手の上に立って罵倒し返すことで何とか自己価値感の揺らぎを収めている——これがよくあるクレーマーの心理です。

だから、もしあなたが誰かからクレームをつけられているとしたら、「この人は自信がない人なんだ」、「自己価値感が毀損《きそん》しているから、それを補うために私にクレームをつけているのだ」、「自分はそのための手段として使われているのだ」と理解するといいのです。怯《おび》える必要はありません。そう理解していれば、クレームをつけられても心の余裕を取り戻せると思います。

その時にやってほしいのは、「一呼吸置く」ことです。クレームをつけられるとその反応で一瞬カッとなって怒ってしまいやすい。「そうは言うけど」と反論もしたくなるでしょう。しかし、ここで一呼吸置いて、ちょっとトイレに行って一息入れることです。相手が攻撃してきた時にすぐさま反撃すると、よりエスカレートしていくのが関の山です。だからこそ、トイレに行って一息入れてタイミングを外すのです。一呼吸置いて、自分の心を正して戻ってくる。これがクレーマーに接する時の「最初の対応」として、すごく大事な点です。

クレーマーと接した時のもうひとつの対応法は——これはデパートの苦情処理係から教わったことですが——お茶とお茶菓子を出すことです。相手は自己価値感が傷ついています。「大切にされたい」、「リスペクトされたい」という気持ちが満たされずに傷ついているわけです。なので、大切なことは相手をリスペクトすること。「私はあなたを大切にします」というメッセージを送ることです。お茶とお茶菓子を出すことによって、相手はそれだけである程度もてなされていると思うでしょう。これでクレームがトーンダウンすることがあるのです。

おもしろかったのは、その際、夏でも冬でも冷たい飲み物を出すという話です。冷たいと相手をクールダウンさせる効果があるからです。逆に、出してはいけないのは、濃い目のホットコーヒーです。濃いコーヒーだと強いカフェインで興奮させてしまうから、クレームがさらに激しくなってしまう。クールダウンさせるためには、冷たい飲み物とおまんじゅうのようなほっこりするお茶菓子を出すとよいのです。

ほかに、銀行、デパート、新聞社、学校、病院の苦情処理係といったクレーム対応の専門家がみなさん共通しておっしゃるのは、辛抱強く聞いて聞いて聞き倒す、ということです。聞いて聞いて聞き倒すことが、クレーム対応で一番大事なことなのです。なぜなら、「聞いてもらえること」によって相手は「大切にされている」と感じることができるからです。その間だけでも自己価値感の傷つきが回復していくのです。

▼「失愛恐怖」を生む日本社会というシステム

なぜ日本では、これほど「わかってほしがる大人」が増えてしまったのか。これにはいくつか理由があります。

ひとつは、日本社会というシステムによるマインドコントロールです。旧聞ですが、ここ数年の芸能人の不倫騒動に対するマスコミの反応に示されているように、人から嫌われるのはよくないことだという空気、雰囲気が、日本という国は異様に強いのです。人から嫌われたらおしまいだ、人から嫌われたら価値がないという雰囲気が日本という国全体を覆っている。これは日本特有の対人恐怖の文化です。

「人から嫌われるのが怖い」、「他者に見捨てられたらおしまいだ」——これを心理学では「失愛恐怖」と言います。この失愛恐怖、他者の愛を失うことに怯えながら生きる傾向が日本人は強いのです。自分はこの「失愛恐怖」が強いなと思ったら、日本というシステムに相当強くマインドコントロールされていると疑ってみるといいと思います。

日本という国に住んでいる人は、みな、このシステムに多かれ少なかれマインドコントロールされています。もちろん、私も例外ではありません。人から嫌われるのはちょっと怖いです。けれども、そのマインドコントロールされている度合いというのは、人によってかなり異なります。

ですので、決して自分を責める必要はないのです。ただ自分が、日本というシステムにマインドコントロールされているということについて自覚を持つことは大切です。自覚を持って、悪いのは自分ではなくて、日本というシステムなのだと意識化して生きることが必要だと思います。

これは、ある集団精神療法の専門家に聞いた話です。フランスのある精神分析学者が、3・11の大地震の後、日本に来てこう言ったそうです。日本人全体が集団神経症にかかっている。東京には三〇年以内に七〇パーセントの確率で大地震が来ると予想されている。それがわかっているのになぜ逃げ出さないのか、本当に不思議でならない。私たち西洋人だったらすぐ逃げ出す。すぐ引っ越す、と。これを聞いて、会場が沸いたそうです。

これはやはり島国だからかもしれません。島国だから、ほかのところに行くという発想を持てない。日本のような島国とヨーロッパみたいな大陸の違いが反映しています。大陸で隣国と陸続きになっている国と、島国でどこに行くにもパスポートが必要な国の文化の違いが大きいのでしょう。確かに、冷静に考えたら、東京から逃げるという選択をする方が自然でかつ合理的であるようにも思えます。

実のところ、多くの日本人は、何だか周りが逃げないから自分もそうするとしか考えていない。自分はなぜ逃げないのか、合理的に考えて日本にとどまることを選択している人はほとんどいないと思うのです。

同様に、ステレオタイプの思考にとらわれて自分を追いつめている人の例として、ブラック企業で働いているのにがんばってしまう人がいます。正社員として採用された以上は、できるなら最後まで耐えなくてはならないとその人たちは考えてしまう。それは、「辛い環境にあっても耐えることがいいことだ」とする日本的思考を、日本というシステムの中で知らず知らずのうちに学んでしまっているからです。

だからこの国には、欧米ではありえないブラック企業が存在しているわけです。

自分が当たり前だと思っている習慣をもっと疑うべきだと思います。何かおかしいと思ったら、自分は日本という文化の、あるいはそのシステムのマインドコントロールにかかっているのではないか。おかしいのは自分ではなく、自分を取り囲んでいるシステムの方ではないかと疑ってみる。そうした思考の習慣をもっと身に付けるべきです。

日本人は失愛恐怖が強い。だからこそ、『嫌われる勇気』というタイトルの本が、あれほど売れたのです。あの本が売れたのは、日本人には失愛恐怖が強いためだと私は思います。

▼「一人でいられる能力」が育っていない

失愛恐怖が強いのは、個人の問題としては、子ども時代にありのままの自分を受け入れてもらうという愛や承認の体験を十分に持てなかった人です。こういう人は、やはり失愛恐怖になりやすい。自己価値感も形成しづらい。だからこそファンタジックな万能感にしがみつかないと生きていけない状態になりやすいのです。

子どもは、親からの承認なしにはとても生きていけません。承認を失うのではないかという不安に絶えず怯えながら育つと、失愛恐怖になりやすいということが言えると思います。幼い時に母親から十分に受け入れてもらったことがないと失愛恐怖になるのです。

このことを強調した精神分析家に、ドナルド・ウィニコットという、心理学の分野では日本でも有名な方がいます。ウィニコットは、「一人でいることができる能力」を持つことが人格の成熟の証であると言っています。そしてこの能力は、乳幼児期の母親との関係の中で育つと指摘しています。

ウィニコットは、人間が一人でいることができる能力は、乳幼児期の「母親と一緒にいながらにして一人である」というある種の逆説的な体験によって育まれると言います。つまり、他者と一緒にいながらにして一人でいるという体験です。

わかりやすく言うと、母親がそばにいるということがわかっているからこそ、子どもは安心して夢中で遊べるわけです。母親がそばにいてくれるかどうか確かでなく不安な時には、子どもは遊びに没頭することができません。つまり、母親が本当にこっちを見てくれているかなと、絶えず確認しながらでないと怖くて遊びに専念することができないのです。

そして、子どものころに「私は十分愛された」、「いつも守られている」という安心感を持つことができないと、しがみつきが起きる。もっと人から愛されたい。嫌われたくないという失愛恐怖が起きてきます。この失愛恐怖によって、心の中は絶えず怯えと不安でいっぱいになるのです。

日本人には、この失愛恐怖にとらわれている人がすごく多いのです。核家族化や共働きの増加が、子どもと母親が一緒に過ごす時間の減少に拍車をかけていることもあります。失愛恐怖にとらわれるがゆえに、人生ががんじがらめになってしまっているのです。

失愛恐怖にとらわれているデメリットはふたつあります。ひとつ目は、人から認められない行動はするまいと、人生がいつも守りの姿勢になってしまうことです。つまり、消極的な人生になって、冒険ができなくなります。

ふたつ目のデメリットは、常に人から嫌われることに対する怯えと不安につきまとわれてしまうことです。好きでもない人と無理に関わり続けることで、精神をすり減らしてしまいます。

▼人格成熟のための瞑想《めいそう》――マインドフルネス

クレームをつけられたり、文句を言われたりして心が揺らぐのをおぼえた人は、瞑想する習慣をつけるといいと思います。「マインドフルネス瞑想」といって、何か辛いことがあった時などに、そこから自分を離脱させて、自分の中に生じているすべてのことをただそのまま認め眺めていく瞑想法です。

「ああ、そんなこともあるな」、「こんな気持ちもあるな」というように、自分の内側に何が出てきても認める、眺める。これをマインドフルネスと言い、これが今、うつの治療法で一番有効だと言われているのです。禅の瞑想法を心理療法に応用したもので、このマインドフルネスを日頃からおこなう習慣をつけることで、精神は相当タフになります。

たとえ、怒りだとか嫉妬だとかといった醜い気持ちが出てきても、そうした気持ちを直ちになくそうとするのではなくて、「ああ、また出てきたな」と認める、眺める。こうした瞑想的な姿勢で自分の気持ちとつきあうことを学ぶことは、人格を成熟させていく上でとても有効です。

③人はわかりあえないものである

成熟した大人が持つべき人生哲学の第三は、「人はわかりあえないものである」。この認識は、成熟した大人の人格になるために必要なものです。

人間というのは、「わかりあえなくて当然」の生き物です。「話せばわかりあえる」などということは絶対ありえません。「話せばわかりあえる」と主張する人の話をくわしく聞いていくと、その人が言いたいのは、結局「話せば自分の言いたいことで説得できる」と思っているだけのことなのです。「話せばわかる」というのはまったくのうそなのです。

いくら話しても話しても、わかりあえないのが人間というものです。この現実をしっかりと受け止めなくてはなりません。そうしないと、人生の大切な時間とエネルギーを浪費することになります。「わかってほしい」、「話せばわかる」などと思いすぎないことです。

すなわち、相手に一〇〇パーセントわかってもらおうとすることは、その人が未熟な証拠です。大人の心構えとしては、たとえ一〇パーセントでもわかってもらえればそれで十分――こう思ってほしいのです。一〇〇パーセントわかってもらおうとパーフェクトを求めるのは「永遠の少年元型」による心の働きです。人格が未熟だから「パーフェクショナリスト」になるのです。

一〇人に一人でもいいから自分をわかってくれればいい。三〇人の中で一人だけでもいいから味方になってくれる人がいればいい。極端なことを言うと、この人は自分の味方だと心から思える人が、この世界に一人いるだけでいいのです。

例えば、それは亡くなった人でも構いません。亡くなった人でもいいから、「この人だけは最後まで自分の味方でいてくれる」という人を見つけておくといいのです。

後は、セルフケア、つまりどんなに周りの人が理解してくれなくても、「自分だけは自分の味方である」と思えることが大切です。「自分だけは自分の味方であろう」とする潔い姿勢、これがとても大事です。

そして、人とは一〇パーセントでもわかりあえればそれでいい、わかってもらえなかったり、誤解されたりしたとしても、「まあいいか。どうにかなるさ」という姿勢を保つ。いい意味での開き直りです。

この「いい意味での開き直り」ができるということが、大人になるための第一歩です。

④人間は本来一人である

人間はもともと一人です。人間というのは、もともと生まれた時から一人だし、最後に死ぬ時も一人。

人間の死亡率は一〇〇パーセントです。すべての人は例外なく、いずれ、間もなく、死にます。多少寿命の違いはあったとしても、ほんの数年から二〇年くらいの「誤差」です。すべての人間は例外なく、いずれ、間もなく、死ぬ。この厳然なる事実を前にすると、人間というのは、一人で生まれて、一人で死んでいくものだということがはっきり見えてきます。

私たち人間は、このことをつい忘れてしまいがちです。今と変わらないバタバタした同じ日常がどこまでも果てしなく繰り返されていくような錯覚を抱きがちです。そうすると、「これも大事、あれも大事」となって、つい欲深くなってしまいがちです。これが手に入らない、あれが手に入らない、と不満を抱き始めるのです。

自分がいつまでも生きるかのように錯覚してしまっている人間は、どこまでも欲深くなって、絶えず欲求不満の状態に置かれがちです。そんな時に、自分はいずれ、間もなく、死ぬということ、人間の死亡率は一〇〇パーセントであるという厳然たる事実を思い起こすことが大事です。

そのことを教えてくれているのは、マルティン・ハイデッガーの『存在と時間』です。

ハイデッガーという哲学者は、人間は死に向かって生きているということをありありと実感して生きることで、自分本来の固有の生き方、在り方を取り戻すことができると考えました。自分はもしかすると、運が悪ければ明日突然死ぬかもしれないということをリアルに自覚して日々を生きている人は、他者の目なんて気にならなくなるはずです。人の目を気にすることなんてどうでもよくなって、自分にとって本当に大切なことをしていくだけで精いっぱいになる。

人は一人で生まれ、一人で死ぬ。しかも、いずれ、間もなく、死ぬ。このことをリアルに自覚した人は、自分本来の固有の欲望に立ち返って、自分が本当は何をしたいか、自分らしく生きるとは本当はどういうことなのかということを見つめることができるようになるというわけです。

このことをハイデッガーは、「死への先駆的な決意」と呼びます。ハイデッガーは、ドイツ語の"Eigentlichkeit"という語に、「本来性」という意味と「固有性」という意味とを同時に重ねあわせて論じています。これはおもしろい視点だと思います。

つまり、ハイデッガーは、死への先駆的な決意、自分の死を先取りして、それに向かって覚悟を決め、自分はいつ死ぬかわからないということをありありと自覚して初めて、人間は自分本来の固有の可能性に気づくことができるというのです。しかも、それは同時に、自分だけのユニークな可能性であるというのです。"Eigentlichkeit" というドイツ語はこのことを指しています。

▼「人の目を気にしない、自分らしい生き方」を取り戻すための人間性心理学

私の専門は人間性／トランスパーソナル心理学です。臨床心理学、カウンセリング心理学には主に三つの立場がありますが、人間性／トランスパーソナル心理学（自己成長論）はそのひとつです。

三つの立場とは何か。

ひとつ目は、精神力動論の立場。これは人間の心の現象というのは、すべて何らかの過去にあった出来事によって引き起こされているとする立場です。心は過去によって決定されているという「心的決定論」です。そしてこの立場では、過去のことを思い出しながら、自分の心がどのように過去によってつくられてきているのか、どのようなトラウマティックな体験が過去にあったのか、と過去の体験とその意味を分析していきます。

ふたつ目が、認知行動療法の立場です。私は「練習していくアプローチ」と呼んでいます。例えば、彼女ができない人が女性に声をかける練習をする。あるいは、うつで休職していた人

が、少しずつ短時間の勤務をこなしながら、勤務時間を増やしていって職場復帰を果たしていく。こうやって取るべき行動を練習していくアプローチが認知行動論的アプローチです。

私の専門は三つ目の、人間性心理学――実存心理学、人間学的心理学、現象学的心理学などとも呼ばれている一群の心理学派とその補完としてのトランスパーソナル心理学、これらを合わせた「自己成長論」の立場です。

この立場では何を目指すのかというと、「より深く自分らしく生きること」です。世間で言われているような、社会的に活躍するという意味での自己実現ではありません。「自分の心の深いところから生きる」ことを探究します。「真の自己」として生きるという意味での自己実現を目指すのです。これが人間性／トランスパーソナル心理学の、自己成長論の心理学です。自分の心の深いところと一致しながら生きる。自分の心のメッセージ、自分の心の声を聞きながら生きるのです。

そして、「真の自己」として生きるために、その前提としてまず大事なことは、「人はわかってくれないものだ」、「わかってくれる人とだけわかりあえればそれでいい」という、そういう哲学を持つことなのです。

⑤私は私のことをして、あなたはあなたのことをする

六〇年代以降の「人間性回復運動」(Human Potential Movement)の拠点であるカリフォルニアのエサレン研究所(Esalen Institute)においてカリスマ的存在だったフリッツ・パールズという人がいます。

この人が、人間が真に自分らしく生きるための応援のメッセージとして、「ゲシュタルトの祈り」という詩を詠んでいます。次のような内容です。

「ゲシュタルトの祈り」
私は私のことをして、あなたはあなたのことをする。
私はあなたの期待に応えるために、この世にいるわけではない。
あなたは私の期待に応えるために、この世にいるわけではない。
あなたはあなた、私は私。
もし偶然二人出会うことがあれば、それはそれですばらしいこと。
けれどもし、出会うことがなければ、それはそれで致し方のないこと。

(Frederick S.Perls,1969,*Gestalt Therapy*,Verbatim　拙訳)

いかがでしょうか。

ストレートに響いてくるものがありはしないでしょうか?

他者とわかりあえないという現実を引き受けることから、自分らしく生きるということは始まるのだということがメッセージとして示されています。

人のせいにして生きるのをやめる。

これがとても大事なわけです。

自分の不幸を他人のせいにしない。誰か他人によって自分が幸せになったり不幸になったりすることはない。

パールズが強調したのは、自分の不幸を他人のせいにしているうちは、人格は決して成熟していかないということです。自分の人生を自分の人生として生きることはできないということです。

また、過去や未来に逃避することも禁じます。

「あの時あの人からこうされたから、私は幸せになれないのだ」とずっと過去のことにしがみついて生きている人がいます。逆に、未来のことばかり空想して、いつかこんなことをしよう、あんなことをしようと計画を立ててばかりいる人も、今、この瞬間を生きるということに集中していません。

自分の不幸を他人のせいにして生きている人は、過去や未来の空想のうちに生きていて、今、この瞬間を生きていない。

他人のせいにするのをやめよ。過去や未来への空想に逃避するのをやめよ。

そして、今、この瞬間の自分自身を生きよ。

これがパールズのメッセージです。

この「ゲシュタルトの祈り」を、最初のうちは毎日五〇回唱える。毎日大きな声で五〇回唱える。それをするだけでも、相当タフな人間になれます。ぜひお勧めしたいです。

▼カウンセリングの中で、人は「より自分らしく」生きるようになっていく

この「自分らしく生きる」というプロセスは、本来、人間の本性によって生まれてくるものです。それは自分で自分に言い聞かせて初めてできるものではなくて、自然と生じてくる、自発的に生成してくる生命のプロセスなのです。

このことを明確に示しているのが、カウンセリングで著名なカール・ロジャーズによるカウンセリングにおけるクライアントの変化についての研究成果です。

ロジャーズは『ロジャーズが語る自己実現の道』という主著の中で、研究成果をこう要約しています。成功するカウンセリングでは、過剰に人の目を気にし、周りの空気ばかり読んでいた人が、その状態から抜け出して、より深く自分自身の心の内側に根差した自分へと変化していく。カウンセリングがうまくいくと、そうしたプロセスが生じてくるというのです。

ロジャーズは、カウンセリングの中で、人が「真の自分」になっていくプロセスを、次のようにストレートに表現しています。①偽りの仮面を脱いで、あるがままの自分になっていく。②こうあるべきとか、こうするべきといった「〜べき」から自由になっていく。③ひたすらほかの人の期待を満たし続けていくのをやめる。④他の人を喜ばすために自分を型にはめるのをやめる。

その後、さらに肯定的な形で、次のようにも表現しています。①自分で自分の進む方向を決めるようになっていく。②結果ではなく、人生の「今・ここ」というプロセスそのものを生きるようになる。③変化を楽しんで生きるようになる。④自分自身の内側で感じていることに意識が開かれていく。自分が今、内側で何を感じているか気づけるようになっていく。⑤自分自

身のことをもっと信頼するようになっていく。⑥ほかの人をもっと受け入れるようになってい
く。

より自分らしい、あるがままの自分になる人は、こうした方向に向かっていく。

興味深いのは、このプロセスが、誰かに指示されたものでもなく、何かの理論や哲学に導かれるものでもなく、カウンセリングのプロセスの中で自《おの》ずと、自発的に展開されていったものであるということです。

人は、そうあることが真に許されている関係性の中では、自然と、「他者の期待に応えるのをやめて」、「より自分らしい自分になっていく」、「より自分の内側のプロセスに従うようになっていく」ということです。こうした方向性は、したがって「人間の本性」に属するものだと考えられるのです。

⑥仲間から孤立し一人になってもやっていけないことはない
――「人から嫌われても平気な自分」をつくる論理療法

「人から嫌われても大丈夫な自分」、「わかってもらえなくても大丈夫な自分」――そんなタフ

な自分をつくるのに、ぴったりなセルフセラピーがあります。論理療法（REBT）というものです。

論理療法ではどんなふうに考えていくか。人間は多くの場合、実際に起こった出来事（Actual event＝A）があって、それによって感情という結果（Consequence＝C）がもたらされると考えられています。例えば、「周りから無視された」から「落ち込んでいる」と思っています。つまり、「周りから無視された」というA（Actual event）があったから、「落ち込み」というC（Consequence）、すなわち否定的な感情が生み出されてしまっていると普通は考えられているわけです。

けれども、論理療法ではそうは考えません。人間が落ち込む真の原因は、A（出来事）とC（結果として生まれる感情）との間にあるB（Belief＝ビリーフ、信条、事実の受け止め方）にある。Bによって人間の感情はつくられると考えるのです。私たちが「人からわかってもらえない」と思ったり、「嫌われている」と思ったりして落ち込んだりする時には、このビリーフを変えなさいというわけです。

例えば、人から嫌われるのが怖い人の多くは、「人から嫌われている人間は価値の劣った人間」だというビリーフがある。「わかってもらえない人間は価値の低い存在だ」というビリーフがある。このように人を不幸にするビリーフを「イラショナル・ビリーフ」(Irrational belief)と言います。

なぜイラショナルなのか。事実に即していないからです。そして、合理的でないからです。理にかなっていない。だからイラショナル・ビリーフというのです。論理療法ではこれを論駁《ろんばく》(Dispute)しようと考えます。自分を不自由にしているイラショナル・ビリーフを見つけ、それを粉砕しなさいと。その結果、その効果(Effect)として、適切で健康かつ幸福な感情が生まれてくるはずだと考えるのです。このようなことから論理療法は、ＡＢＣＤＥ理論とも呼ばれるわけです。

論理療法のポイントは、ビリーフを変えることです。イラショナル・ビリーフ(非合理的で自分を不幸にするビリーフ)をラショナル・ビリーフ(理にかなっていて、自分を幸福にするビリーフ)に変えて、よりとらわれのない、自由な生き方を身に付けることです。イラショナルであるか、ラショナルであるかを決める基準は、その考え方が人生の事実に即したものであるか、理にかなったものであるか。このふたつの基準です。それに即して、ラショナル・ビリーフであるかイラショナル・ビリーフであるかどうかを検討します。

イラショナル・ビリーフの典型的なものは、ふたつあります。ひとつは、「私は完璧でなくてはいけない」、「失敗したら大変だ」というビリーフ。これはパーフェクショナリスト、完全主義者のビリーフです。

もうひとつの、典型的なイラショナル・ビリーフは、「人からわかってもらえなかったら大変だ」、「嫌われたら大変だ」、「私は一人ではとてもやっていけない」というものです。

論理療法では、これを論駁するのです。「仲間外れにされたらみじめだ」、「とても価値の低い存在だ」というイラショナル・ビリーフを粉砕して、「仲間外れにされないにこしたことはない」、「けれども、仲間外れにあったとしても自分に人間としての価値がないわけではない」、「一人でやっていけないわけではない」——こんなふうにビリーフを変えていくのです。そういう気づきを実感として持つと、人の心はより軽く自由になります。

例えば、「誰かと一緒にいるにこしたことはないけれど、一人でもやっていけないことはない」、あるいは「一人でいた方がかえって自分のための有効な時間が増える。人と無駄な時間を過ごすよりも、自分一人の時間をつくれて有効だ」——そんなビリーフを持つことができたとしましょう。

そうした自分にピッタリくるビリーフが見つかったら、それを紙に書いて貼っておき、毎日五〇回、立ち上がって大きな声で読み上げてほしいのです。「わかりあえるにこしたことはない。けれども、わかりあえなくてもやっていけないことはない！」というように。もしその人が晩酌のビールを一日の楽しみにしているならば、これを五〇回唱えてから、初めてビールを飲んでよいということを日課とするのです。日々の「宿題」を、自分で毎日一番楽しみにしていることの前にやると習慣になりやすくてよいのです。このようにして「宿題」に取り組むというのが、論理療法の特徴です。

例えば、「人から嫌われても平気、嫌われても私はやっていける」と大きな声を出して唱える。これを何度も何度も唱えて、自分で自分のことを洗脳する。ラショナル・ビリーフを自己洗脳することで、一般的な通念（イラショナル・ビリーフ）から洗脳解除する。それによって、自分の心を自由にするのです。

私自身も、思春期に「人から嫌われたら大変だ」という思いから、自由になれずに苦しめられたことがあります。その時に、「人から嫌われても平気だ」、「たとえこの世の全員から嫌われても自分はやっていける」と毎日一〇〇回、大きな声で唱えて自分に言い聞かせていたことがありました。

「変な目で見られても平気だ」というくらいの覚悟を持たなければ、自分にとって大切なことをとことん探究することなんかできない。そう思ったので、まず「人から嫌われても平気な心」を持つこと、「人から嫌われる勇気を持つこと」に取り組んだのです。

私は、端的に言えば、人生にはふたつの生き方しかないと思います。

ひとつは、人の目を気にして周囲に振り回されて生きる生き方。

もうひとつは、自分の好きなように、のびのびと精神の自由を保って生きる生き方です。

自由な精神の持ち主になるため、ぜひ論理療法を有効活用してください。

第三章　単独者として生きよ

▼「単独者」として生きよ——キルケゴールの実存思想

「単独者」というのは、実存思想の祖セーレン・キルケゴールが言った言葉です。自分が自分の人生の主になって生きる。たとえ万人がどう言おうとも、自分はこんなふうに生きる。俺には俺の生き方がある。私には私の生き方がある。自分の信念に従って、これのためなら自分はいのちを捧《ささ》げても構わないと思えるような使命を自分で選び取って、選び取ったもののために自分の全存在をかけて生きる。こうした生き方を、実存的な生き方として提唱したのがデンマークのキルケゴールという思想家なのです。「単独者」というのは、この思想の基本概念です。

キルケゴールが言ったのは、「神の前での単独者」ということです。キルケゴールは敬虔《けいけん》なプロテスタントだったので、神の前で人間はたった一人になって神の声を聞くという生き方を強調したのです。

けれども、単独者として生きるのは、必ずしも「神」の前である必要はない。例えば、「天」の前でもいい。「世界」の前でも「宇宙」の前でもよい。何か「もっとも高いもの」の前で、一人で立って生きるのが、単独者として生きる、ということです。

では、いかにすれば「単独者」として生きることができるのか。「単独者」として生きうるための条件とは何か。

それは、他者の承認の有無や、人から理解をしてもらえるかどうかにかかわらずに「揺るがない自己価値感」を持って生きていけるということです。これは、人から拒絶されても構わないと思える心の余裕、精神の自由を持っていないと、できないことです。

▼孤独死か単独死か

孤独死を恐れる人が増えています。特に3・11の大地震の後、孤独死を恐れる人が増えました。急に婚活する人も増えました。それは、孤独死という言葉が盛んに使われて、ひとりぼっちで死ぬのは惨めなことだ。結婚せず老いていくと、一人で野垂れ死にしてしまう。そういう哀れな人生だけは避けたい。そう思って早く結婚したい、婚活しなくてはと思う人が増えたのです。婚活ブームの推進役を陰で果たしたのは、孤独死への恐れなのです。

最近、「孤独死」という言葉を使わずに、あえて「単独死」という言葉を使う人も出てきました。孤独死というと、非常に否定的な響きがします。けれども、単独死というと、逆に崇高な響きを帯びてきます。単独死というか、孤独死というかでは断然違う。ここに、一人で死ぬということをどう捉えるかの視点の違いが現れていると言っていいでしょう。

冷静に考えればわかるように、たとえ誰かと一緒に暮らしていても、死の瞬間には、どんな人間も絶対的に孤独です。たとえ無理心中だとしても、死の瞬間には人間は絶対的に一人で死ぬのです。すべての死は孤独死であり、すべての死は単独死です。孤独死でない死、単独死でない死はひとつもありません。

死の瞬間に明らかになるこの真実は、人生全体の真実を照らし出します。死の瞬間に、実は人間は、人生のすべての瞬間において常に絶対的に孤独であること。これまでも絶対的に孤独であったし、これからも孤独であり続けるという人生の真実がリアルに照らし出されるのです。

たとえ誰かとわかりあえたと思えたとしても、それはほんの束の間のことです。はかない夢のようなもの。人間は生まれてから死ぬまで、否、生まれる前も死んだ後も絶対的に一人で、絶対的に孤独な存在です。この真実から目をそらしてはいけません。

▼天才はみな孤独である

話を元に戻しましょう。

さて、私たちが本当に自分らしく生きるためには、孤独を厭《いと》わず、単独者として生きる勇気が必要です。実際、真にユニークな仕事を成し遂げた人、自分らしい人生を貫き通した人というのは、多くの場合、人生の大半を一人で過ごしています。例えば、デカルト、ニュートン、ロック、パスカル、スピノザ、カント、ライプニッツ、ショーペンハウエル、ニーチェ、キルケゴール、ヴィトゲンシュタイン……。天才的な哲学者はいずれも結婚せず、人生のほとんどの時間を孤独に過ごしました。もし彼らが家族との間に多くの時間とエネルギーを費やしていたら、あのようにすばらしい独自な思想世界は展開できなかった可能性が高いでしょう。

自分の可能性を徹底的に突き詰めたいと思っていたら、生涯、単独者であることを厭わない決意と覚悟が必要なのです。

最近の人物で言うと、例えば、アップルの創始者のスティーブ・ジョブズなどもそうです。彼の伝記は、多くの人に読まれ、圧倒的な支持を得ました。世界で成功を収めたいと思う人の誰もが、スティーブ・ジョブズのようになりたいと思ったはずです。スティーブ・ジョブズの伝記や生き方は、同時に、私たちに世間の価値観から多少外れた生き方をしたっていいんだという安心感を与えてくれました。なぜならば彼は、俗に言う「奇人」だったからです。

スティーブ・ジョブズだけではありません。世界で功成り名を遂げた人の多くは、世間的には奇人でした。先ほど名前を挙げた哲学者も含めて、誰からも認められる品行方正な人が、誰もやっていない革新的なイノベーティブな仕事をやってのけたという話は聞いたことがありません。「ちょっと変わってるな」とか、「変だな」、「奇人じゃない?」などと言われているくらいでないと突出した仕事はできないのかもしれません。それはその人が自分らしくいることの証なのです。

▼深層の時間——内面のかそけき声に耳を澄ます

単独者として生きるには、「真に一人でいることのできる時間」を確保することが必要です。それはどのような時間か。自分の内側から聞こえてくる小さな声にていねいに耳を傾けることができる時間のことだと思います。これは、"still small voice" かそけき声に耳を澄ますということです。一人の静かな時間に自分の内側から聞こえてくる小さな声にていねいに耳を傾けることができるということ。これが真に一人でいるということなんだと思います。物理的に一人でいるという意味ではない。自分の内側の声にていねいに耳を澄ましていくということです。

第一章でも少し触れましたが、時間には二種類あります。「表層の時間」と「深層の時間」です。「表層の時間」というのは、「社会的な時間」と言ってもいいし、「他者と共有して流れている時間」と言ってもいい。私たちの言葉で、「コンセンサス・リアリティ」と言いますが、これが現実であると合意された現実の時間です。みんなと同じように流れてくる直線的な時間です。

本当に一人でいる単独者としての時間を持つ、深い一人の時間を持つというのは、この共有された時間の流れから、あえて自ら「離脱する」ということです。

そうすると、時間の流れはゆっくりになってきます。共有された時間の流れからあえて離脱することによって、自分の奥深いところで流れている深層の時間の流れが顕《あらわ》になる。社会のリズムに合わせるのではなくて、自分という存在の核が持っている固有のリズムを生きるようになっていく。固有の時間の流れを生きる。そこに流れている固有の時間の質は、人それぞれです。ある人の本来のリズムはジャズのようかもしれないし、ある人は演歌のようかもしれない。ある人はクラシックのようかもしれない。その人の本質に固有のリズムがあるのです。

外の流れに流されない、左右されない、しっかりした自分を持つ。外的な時間を止めて、自分の内側、自分の存在の核に向かって問いを発していく。そして、そこから答えが返ってくるのを待つ。そういう体験です。ある意味では、これほど濃密な充実した時間はありません。これに比べると、他者と共有する時間の流れというのは、相当に希薄な時間だと思います。

▼一人でいることの意義

一人でいることの意義について、あらゆる哲学者が様々なことを語っています。例えば、『随想録』でミシェル・ド・モンテーニュは、こんなふうに言っています。「私たちは、すべてが自分のためだけにある、完全に自由になれる、小さな、人目から隠れた庵《いおり》を確保しなければならない。そこでは本当の自由と本質的な退却と孤独とを達成できる」。——これは何度もかみしめるに値するいい言葉だと思います。孤独になるためには、庵を確保する必要がある。なぜならば、それなくしては、本当の自由を体験できないからと言うのです。

つまり、「一人」をしっかり体験するためにはそれにふさわしい「場」、「空間」を見つけておくことが大切なのです。

他者と共有した時間の流れから完全に一回退却する。そして、完全に一人になれる庵＝「場」、「空間」を持つ。私たちはそうすることで初めて、本当の精神の自由を手にすることができる。これはとても深い言葉だと思います。

こういうことを研究している現代の心理学者に、クラーク・ムスターカスという実存的な心理学者がいます。

孤独の持つ自己回復機能、本来の自己を取り戻す機能について、こんなふうにムスターカスは言っています。

安全を確保し、確固たる地位を築こうと生きてきたことが、日々の生活を化石のように生気のないものにしたと気付いた時、人は強い不安に襲われる。しかし、この時、ひとり座し、生きることの本質に想いをめぐらせ、生き損なった空しさをかみしめようとする者は、自分自身と対決する。そうして初めて、人は人生の新しい意味と方向性を考える上で、何が本当に大切なのかを理解していくのである。(中略)
周りの世界が冷たく無意味にしか感じられないような時、また、人波に呑み込まれ、その対応に忙殺させられるような時には、孤独にひとり身を任せることで人は本来の自分に帰っていくことができる。
(クラーク・E・ムスターカス著『愛と孤独』片岡康、東山紘久訳/創元社)

社会から一時的に離脱する。そのことで、本来の自己を取り戻すことができる。孤独にはそういう機能があるのだと、ムスターカスは言います。

また、別の箇所でムスターカスは、物理的に一人でいる時間の多くは、過去や未来にまたがった中間的な状態である。それに対して、深い孤独の状態とは、生命に直接、「今、ここ」で関わっている状態である。深い孤独であるとは、深く自分でありながら、さらにそれを越え、新しい自己を創造しようと激しく一瞬に生きることであると言っています。

単に物理的に一人でいると、例えば、仕事から帰る電車の中で、「今日はこんなことがあったな」とか、「帰ったらこんなことをしよう」とか、「これからこんなふうにやってみようかな」とか、あれこれ思い描きます。未来への空想や過去の回想をするわけです。一方、ムスターカスの言う真の深い孤独というのは、今、この瞬間を深く生きるということです。そうすると、本来の自己を取り戻す機会になる。人生の大きな一大転換点にもなりうるのです。

▼自分を見つめる「一人時間」を持つための三つのポイント

ここでみなさんに提案したいのは、自分を見つめる「一人時間」を持つための三つのポイントです。まずひとつ目は、一日に五分でいいので、自分と向きあう一人の時間を一日一回は持つこと、一人になって自分と向きあう深層の時間を、形だけでいいので、設定することです。人間は、本当に忘れやすい生きものです。この欠陥を補うために必要なのは、自分を見つめる時間を設定し、習慣化することです。

一日五分で構いません。一人になって、自分を見つめる静かな時間を持つことを毎日の日課にしましょう。例えば、寝る前なら寝る前、起きた後なら起きた後、六時からとか、努めて時間を決めておく。同じ時間に、毎日一回は自分と向きあう時間を持つのです。

一日五分、今日一日を振り返ることで、自分と向きあう静かな時間を持つことで、人生の微修整ができます。自分は本当に今の生き方でいいのかな。今の自分の生き方は間違えていないかな。何かちょっとずれてしまっていないかな。そうやって微調整をしていくのです。

私自身も、毎日寝る前に五分から一〇分、自分自身と対話する時間を持つようにしています。今日一日悔いが残らないように生きることができたかどうか。一瞬一瞬心を込めて大切に生きることができたかどうか。自分自身に問うようにしています。

「自分を見つめる一人時間」を持つためのふたつ目のポイントは、スマホをいじったり、テレビを見たりしないことです。外的な時間をストップするために、スマホやテレビを見ない時間をつくる。深く自分の内側に降りていくために、外的な時間の流れ、表層の時間の流れにストップをかけて、そこからあえて「離脱」していくのです。

三つ目は、自分を見つめるのにふさわしい場所を持っておく。「マイスペース」と私は呼んでいますが、そこにいるだけで深く自分の中に入ることができる「場所」を見つけておくのです。例えば、同じスタバでも、ほかのスタバではダメで、このスタバの○○店の、このあたりの、この角度の、この席でないとダメだというように、「マイシート」をつくっておく。そこにいてぼーっとしていると、なぜか気持ちが内側に自然と入っていける。そこにいるだけで自分の内側を見つめるモードに、自然とスイッチオンできる。そんな「場所」をつくって、定期的にその場に身を置くことが、自分を見つめる「一人時間」をうまく持つための極意です。そこにいるだけで、深層の時間の流れに自然とスイッチオンできる場所を見つけておくといいのです。

私の場合は、前にも言いましたが、東京ドームホテルの最上階のバーがお気に入りの場所です。そこに行ってぼーっとしていると、著書の構想が急に浮かんできたりします。このバーからは、観覧車が見える、ジェットコースターが見える、丸ノ内線が見える、中央線が見える、総武線が見える……と、いろいろなものが見え、景色が微妙に変化し続けます。このような刺激の中に身を置いていた方が、何の刺激もない中にいるよりも、より深く、自分の中へ入っていけるのです。

　これはもちろん、家の中でも構いません。寝室や、リビングや、キッチンのスペースを仕切ってもいいでしょう。あるいは、トイレの中をちょっと工夫して、何かこのトイレにいたら気持ちが落ちつく。そんな場所をつくってもいいでしょう。

　また、家族とわざと生活時間をずらすのもひとつの手です。わざとほかの人よりも二時間早く起きるとか、逆に、わざとみんなが寝た後、二時間起きているとか、家族と生活時間をずらすことで、一人の時間を確保するのです。

　こういう工夫をして、自分の中に入っていく時間と場所を確保する。そこで、内側に深く入っていく時間、自分の深いところに触れる深層の時間を過ごすのです。

　自然の豊かな場所ももちろんいいでしょう。いわゆるパワースポットと呼ばれる場所でも構いません。私は長野県の戸隠《とがくし》神社が好きですが、「ここがいい」というところを、霊能者の言葉に頼るよりも、自分自身で行ってみて、実際に体験してほしい。ここにいるとなぜか落ちつく、自分に合った場所を探すのが一番と思います。湖のほとりを瞑想モードでぼーっと見ているのがいい人もいるでしょうし、あるいは、ろうそくに火をともして、火をぼーっと見ながら、

「揺らぎ」を楽しみながら自分の中に入っていくことで、集中度を高めるのもいいでしょう。

▼自分の内面に深く触れるスキル——フォーカシング

自分の内側に深く触れて、ゆっくりと流れる深層の時間を過ごすための心理学の技法を「フォーカシング」(focusing) と言います。これを学んだことで人生が大きく変わっていったという人が少なくありません。

フォーカシングの前半部分は、マインドフルネス瞑想と同じです。「自分の内側から何が出てきても、認める、眺める」姿勢を保ちます。

これは自分に語りかけるということとは違います。多くの人は、一人になると自然と自分に語りかけ始めます。「もっとがんばらなきゃダメだ」といったようにです。これをストップする。自分の内側に何かを自分で「言い聞かせる」のをやめる。そしてむしろ、自分の内側の声をていねいに「傾聴」していく。聞いていくのです。

例えば、ここがデパートの中で、あなたの目の前で五歳の男の子が泣いているとします。あなたがこの子に、「ぼうず、何泣いてるんだよ。しっかりせんか」と大声でどなって言い聞かせるとします。この子は余計泣いてしまいますね。そうではなく、「どうしちゃったかな。何かあったかな」とこの男の子にやさしく問いかける。そしてしばらく、この子がしゃべり始めるのを待っているとしましょう。すると、この子はしゃべり始めます。

自分自身の心も同じことです。自分に何かを「言い聞かせている」間は、私たちの心は自分を閉ざすのです。自分を自分に閉ざすのです。ですので、それをやめて、自分が自分に対するカウンセラーのようになる。自分が自分へのカウンセラーのようになって、「一体どうしちゃったかな。何か最近の自分、ちょっと違うという感じあるかな。それはどんな感じかな」とやさしく問いかけるのです。そして自分の内側から何かが出てくるのを「待つ」。こうした自分の「内側」への関わりをフォーカシングというのです。

「自分の内側」とフォーカシングするためにまずすべきことは、①がちゃがちゃしている状態に「ストップ」をかける。自分が自分に何かを言い聞かせたりしていて、がちゃがちゃしている表層的な意識の活動、これに「ストップ」をかける。「ストップ！」と実際に声を出して、自分で自分に言うのもいいと思います。

「ストップ」できたら、次は、②静かに内側に入っていきます。静かに内側に入っていって、自分の内側に意識を向けていきます。

そして③が、マインドフルネス。自分の内側から何が出てきても認める、眺めるという姿勢を保つのです。

「重たい感じ」があったら、何か重たい感じがここにあるなと認める、眺める。「意外だな」という感じがあったら、その意外な感じを認める、眺める。……このように、何が出てきても「ただそのまま認める、眺める」をしていく。たとえ何も出てこなくて、真っ白な状態になってしまっても、「ああ、真っ白な状態がここにあるな」というように、それも含めて、「何が出てきても、ただそのまま認める。眺める」。このように、自分の内側から何が出てきても、「ただそのまま認める。眺める」という姿勢を保っていくのです。

その次は、④「自分の内側」に、やさしく問いかけます。「どんなことをしたいのかな」、「どんなことを言いたいのかな」とやさしく問いかけます。そして自分の内側にふうっと深く入っていく。そして、そこから何か出てくるのを「待つ」。

さらに、⑤内側から何かが出てきたら、それを受け止めます。「ああ、最近の自分、忙しくしているばっかりで、何か違うという感じだったね」、「何か内向的になりすぎて、もっとアクティブな自分を忘れちゃっているという感じなんだね」というように、自分の内側を受け止めていきます。

そして、⑥気になる「何か」に「なってみる」。例えば、炎が見えたとしましょう。バチバチッと音がして炎が見えた。そうしたら、その炎になってみます。炎になって、ダンスを踊ってみる。もちろん、実際にその場で一人で「炎のダンス」を踊ってみても構わないし、それができなかったら、イメージの中でダンスを踊ってみてもいいでしょう。自分の内側に響かせて、それがぴったりかどうか確かめます。よりしっくり、ぴったりくる言葉、音、イメージ、ダンスなどを探していきます。

最後に、⑦自分自身にメッセージを送ります。例えば、「炎のダンス」を踊っていると「もっと激しく。もっと激しく。最近のおまえはおまえじゃない。本当のおまえはもっと激しいはずだ！」とメッセージが送られてくるかもしれません。あなたの「魂からのメッセージ」、「内側からのメッセージ」が、こうして届けられるのです。

自分の「内側」から離れずに、そこにとどまって、内側に響かせ響かせしながら生きること。これがフォーカシングから学ぶことができる「生きる姿勢」です。

▼ワークショップの勧め――中高年が深く自分を見つめること

本を読んで自分一人でやっても、なかなかうまくできないという人がいます。自力で自分の内面を掘り下げていくことはしばしば困難を伴います。禅や瞑想、ヨガ同様、指導者や仲間がいると有益なことが少なくありません。そういう人は、ぜひワークショップにいらしてください。私のホームページ（http://morotomi.net/）を見ていただくと、フォーカシングをはじめとした「中高年が深く自分を見つめる」のに役立つ心理学を学ぶワークショップを年に七回やっています。いずれも真剣に自分を見つめたいという人が集まってきます。ワークショップに来て練習すると、自分自身を深く見つめる能力は格段に高まります。

▼深く自分を見つめること、深く語ること

例えば、私が主宰する心理学のワークショップは午前一〇時から午後五時ぐらいまで、二日連続でおこないますが、日常から離れた時間・空間の中でお互いに深く自分を見つめて自分を語りあいます。そういう覚悟ができている人が参加する。するとそこには、ある種の「場の力」が働き始めます。この「場の力」に支えられて、参加者の方は、とても一人では不可能な水準まで深く自分を見つめて、「深く語る」ということをしていくのです。

これは、ものすごく大きな力になります。人間が生きていく上でものすごく大きな、精神の力になる。そこで、自分はこれからどう生きていくかを確認していくのです。この不確かな世の中で、みな、どう生きればいいか確信を持てずにさまよっています。果たして今のままの生

き方でよいのかどうか……。その中で、「私はこう生きればいいのだ」ということをこのワークショップで確かめるわけです。

ここでは参加者一人ひとりが深く自分を見つめ、自己を語り、お互いに深く聴きあっていきます。ワークショップに参加することが無理な場合は、友人でもいいから、誰かに傾聴してもらいながらしてみることです。どうしても一人だと気が散ってしまう。ついテレビを見たり、スマホをいじったりしてしまう。自分の内側にとどまることができない。そういう人がいます。そういう時に力になるのは、あなたの内面の話を聴いてくれる人の存在です。たとえ専門的な知見がない相手であっても、話を聴いてもらうことには大きな効果があります。

▼自分の生き方を問い確かめていく上で、傾聴してもらうことの意義

深く傾聴してもらうことは、人が自分自身になっていくために役立つ最上の方法です。中高年が自分の生き方を問い確かめていく上で、深く内面を傾聴してもらうことほど、有効な方法はありません。

単に聞き流すのではダメです。誰かに、深く深く話を聴いてもらうことで、人は真に自分自身になることができるのです。傾聴の意味というのは、ここにあるのです。

人間は弱い存在なので、一人では、自分の内側に意識をとどめ続けるのは困難です。なかなか集中して自分の意識を内側に向け続けることは難しい。ついテレビを見たり、スマホをいじったりして、気をそらしてしまいます。

パスカルが言う「気晴らし」に走ってしまいがちです。

私はもっと、自分の内側に入っていきたい。けれども何か助力が欲しい。助けが欲しい。そんな時にぜひやってほしいのは、誰かそばにいて、自分の深いところにいっしょに意識をとどめて話を聴いてくれる人を見つけることです。

内面に焦点を当てて話を深く聴いてもらうことです。誰かといっしょに自分の内側深くに意識をとどめる。そうすると、一人でやるよりもはるかに容易に、自分の内側の深いところに意識を向け続けることができるようになります。物理的に一人でやるよりも、はるかに強く、長く、集中して自分の内側深くに意識をとどめ続けることができるようになるのです。

自分の内側深くに意識をとどめ続ける上で、他者からの傾聴、つまり、人にていねいに話を聴いてもらうということほどパワフルな方法はありません。そうやっていねいに傾聴してもらっているうちに、人は徐々に自分の心の深くに意識を向け始めます。つまり、傾聴してもらえていると、人は自分で自分の心の声を傾聴し始めるのです。

これが大きな気づきや生き方の変化をもたらします。これが人から傾聴してもらうことの意義です。

人から傾聴されることで、人は初めて自分自身の中へと深く深く入っていくことができる。そして、深く自分を生きることができるようになるのです。

もちろん、大ざっぱにしかわかってもらえないとか、聞き流されたりしていると、わかってもらうためにはこうしなくてはなどと、余計雑念が湧いてくるだけです。そうではなくて、ぴたっと寄り添って傾聴してくれる人がいて「ああ、この人は本当に私をわかってくれているな。私が今、ひっかかっていることのエッセンスを、私といっしょに深く深く内側に入っていって、わかろうとしてくれているな」という感じを抱くと、人は静かに自分の内側にぐんぐん深く入っていくことができるようになるのです。そして、「ああ、私はこう生きればよいのだ！」という気づきを得るに至るのです。

このように、誰かに深く傾聴してもらうことで、人は、初めて自分の心の中に深く入っていくことができる。真の自分へと近づいていくことができるのです。こういう働きが、深い傾聴にはあります。

第四章　人生は思うようにならないもの

▼人は、現実を受け入れることで成熟する

この人生は、思いどおりにならないことだらけ。諦めなくてはならないことだらけです。生きるとは、諦めの連続と言ってもいいほどです。

私たちの人生には、思いどおりにならないことがたくさんあります。成熟していく人間とは、その思いどおりにならないことを受け入れつつ、だからといって絶望することなく、それでも前を向いて生きている人間です。そのためには、人生は諦めざるをえない苦しみの連続であるということを知っておく必要があります。

例えば、どうしてもこの人と結婚したいと思ってもできない。どうしてもこの仕事につきたいと思っていてもつけない。どうしても、この学校に受かりたいと思っていても受からない。

どうしてもあの人に愛されたいと思っていても愛してもらえない。どうしてもこの子をこんな子に育てたいと思っていてもそうならない。

現実は苛酷です。どうしてもこれだけはと思っていることがあっても、思うようにならずに、その現実を受け入れていくしかないことの連続です。少なくとも私の人生は、そうでした。

未成熟な人間というのは、現実が思いどおりにならないと、人生を投げてしまうのです。思いどおりにならないと投げてしまう。

例えば、未成熟な若者がある会社に入ったとしましょう。けれども、入れたのは、第一志望の会社ではなかった。そんな時に、ここは本当は俺の行きたいところじゃなかったんだという気持ちを受け入れられずに、半年も勤めたら辞めてしまう。そこでまた別の会社に雇ってもらえても、また半年もしたら辞めてしまう。これは俺が悪いんじゃない。俺が勤務した会社が悪いんだというふうに会社を責め、いつまでも転職を続ける。これが未成熟な人の典型です。

成熟した人は、ここで、たとえ本当に志望していた会社でなくても何とか腐らずに、やっていける人です。

人生、思いどおりにいかないことがいくらでもあります。仕事がうまくいかない。家庭がうまくいかない。この本を手に取っている方にも、すべて思いどおりになっている方など、ほとんどいないのではないでしょうか。

その「思うがままにならない現実」を受け入れつつ、それでも諦めずに前を向いて生きていくことがとても重要になってくるのです。これが成熟した人間の大きな特徴であるのです。

とりわけ精神分析では、現実を受け入れる、諦めるということが人格成熟の証として位置づけられています。ジークムント・フロイトの精神分析では、人間の心が成熟するというのは、現実を受け入れつつ、それでも意欲を失わずに生きていけるようになることだと考えているのです。

▼「諦める」とは明らかにせしめること

「諦める」ことは、精神分析の要とも言える重要な概念ですが、同じことを仏教でも数千年も前から指摘しています。「諦める」という日本語の本来の意味は、「物事の真実の在り様を明らかにする。明らかに見る」という意味です。諦めるという言葉は、もともと仏教用語で、「真理を観察して明らかに見る」という意味なのです。

それが「あからめる」、もしくは文語としての「諦む」という使い方がなされるようになって、今の「諦める」という言葉につながっているのです。

自分の置かれた現実から目をそらさず、つぶさに真実を「見る」ならば、自分の思いを断ち切らざるをえなくなることが多い。このことから、現在の日本語の形の諦めるという言葉が使われるようになったわけです。

したがって、精神分析が本来目指しているところと、仏教の目指しているところは同じであったわけです。

▼人生とは「諦めることに伴う苦しみの連続」である

真実や現実をきちんと見ながら、それでも意欲を失わずに生きていくということ。つまり、「人生は思いのままにならないものである」ことをわかっておくこと、体得することが人格の成熟の要です。しかしながら、このことには当然大きな苦しみが伴います。振り返ると、私の人生は諦めることとそれに伴う苦しみの連続でした。

何とか諦めざるをえない時は、相当に大きな苦しみが伴います。例えば私の場合、失恋でのたうち回りました。本当にもう死んでしまおうかと思うほど苦しんだこともあります。

青年期には「人生の本当の意味」、「本当の生き方」をこの手ではっきりとつかみたいと思って、苦悶《くもん》した時期があります。中学三年生から大学三年生の七年間、自分はどう生きていけばいいのか、人生の本当の意味はどこにあるのか、人生というものの本当の目的は何のためにあるのかということをひたすら問い続けていました。七年間、ほかのことは一切していないと言ってもいいほどです。

けれども「答え」は、当然のことながら手に入りませんでした。そのことを受け入れざるをえなくなったときにはものすごく大きな苦しみがやってきました。

大して欲しくないものだったら諦めるのも苦しくありません。しかし、自分が心から欲しているもの、それなしでは生きていけない、それがないと人生から意味が消える、そう思うほどのものを諦めるということには、ものすごく大きな苦しみを伴います。内臓をえぐり取られるほどの苦しみを伴うこともあるでしょう。

大切な人を亡くした時。大切なペットを亡くして苦しむ時。あるいは、愛を失った時。自分の人生の目標を諦めざるをえないということがわかった時。そんな時は、ものすごく大きな苦しみが伴います。

人生はいわば、この「諦めることに伴う苦しみの連続」です。諦める苦しみを何度も何度も連続して体験しながら、それでも意欲を失わずに生きていく力をどうやって身に付けていくか。これが成熟した人間の証です。

▼諦めの苦しみから逃げて依存症になる

人生は、思いどおりにならないことの連続です。それでも、やけにならず、放り出さずに生きていくのは大変なことです。少し前に、元プロ野球選手の清原和博さんが薬物使用で逮捕されましたが、彼も相当苦しいことがたくさんあったんだと思います。その時に彼はやってはいけない刺激に走ってしまった。諦めの苦しみから逃げずに、苦しみを苦しみとして甘受しながら、それでも意欲を持って生きていくということは、結構大変なことです。

けれども、これをしないと人格は成熟していきません。本当の意味での大人になれない。それがうまくいかないと、外に刺激を求めます。覚醒剤までいかなくてもパチンコ依存症になったり、アルコール依存症になったり、恋愛依存症になったり……。

もちろん、何かに少し依存するのもほどほどなら構いません。しかし、度を越した刺激を求めないと生きていけないようになると、これは「アディクション」(嗜癖《しへき》・中毒)となります。仕事依存症も恋愛依存症もそうです。そういう○○依存症という強い刺激を絶えず求めざるをえなくなるのは、これはその人の人格が成熟していないからです。

諦めざるをえない現実をたくさん抱えながら、強い刺激がなくても、それでも前向きに生きていけることが成熟した人格の証です。これが精神分析と仏教とが共通して説いていることです。

▼上手に諦める技術

そうは言っても諦めるのはなかなか難しいことです。また、精神分析や仏教を本格的に学ぶのも困難でしょう。そんな時にはどうすればいいのか？

その方法のひとつ目は、辛い気持ちの分離《スプリッティング》です。例えば、どうやら私は一〇年間愛し続けた人から捨てられそうだとか、もう一〇年間も取り組んできたプロジェクトに失敗しそうだとかといった、ものすごく厳しい現実があります。そういうことから逃れるための一番の方法はスプリッティング、切り離すことです。

自分の心を切り離す。わかりやすく言うと「見ないようにする」ということです。見て見ぬふりをする力。これはとっても大切です。

よく、「現実を直視しなさい」などと厳しいことを言う人がいます。もちろん、現実と向きあうことは大切なのですが、そんなに人間は強くありません。いきなり現実を直視しすぎると狂ってしまいます。発狂してしまいます。人生にはあまりにも辛い現実が多いので、上手に見ないようにすることが大切です。どうやって現実を見ないようにするかは生きていく上で必要な知恵です。

ふたつ目の方法は、脱同一化。これは、臨床心理学では、「マインドフルネス」とか、「クリアリング・ア・スペース」といった技法としておこなわれているものです。

これは、わかりやすく言えば、ただそのままを「認める、眺める」トレーニングです。この方法は、ポジティブシンキングではうまくいかない人に有効です。

絶望的な心理状態にある人に対して、考え方を変えて前向きになろうと励ましても、前向きになれない人がほとんどです。そもそも、なぜ前向きにならなくてはいけないのか、わからないのが普通でしょう。その人が前向きになれないのは、それなりの理由があるのであって、それを無視して「前向きになろう」、「クヨクヨ考えすぎないようにせよ」と言われても、逆に「とてもついていけない」となるのが自然の道理です。

例えば、「失敗してはいけないところで、失敗した。俺はもうおしまいだ」と思って落ち込んでいる人に対して、その考え方を変えて、「失敗しないにこしたことはない。でも失敗したからといっておしまいなわけではない。失敗から学べることもある」と考え方を変えていきましょうと提案するのが多くのカウンセラーの勧める方法（認知療法）です。

しかし、そうは思えない人がほとんどであり、また、思えない方が自然です。

例えば、いのちがけで何十年も取り組んできた仕事が失敗に終わったら、とことん落ち込むのが自然です。「失敗しないにこしたことがない」、「失敗から学べることがある」などと考えようとするのは不自然で無理があります。人間が人生で出会う「悩むべき理由のある悩み」には、とことん悩みぬくのが自然です。

しかし、そうした悩みに苦しみながらも、人間は、日々の生活を送っていかなければならない。そういう時、日々の生活を送るために必要なのは、自分の悩みに対してほどよい「距離」を保っておくことです。

「脱同一化」というのは、悩ましい思いは悩ましいまま、変えないでいい。ただ、その今の悩ましく辛い思いをそのまま眺めていく方法です。

何が出てきても認める。眺める。

何が出てきても認める。眺める。

ただこれを繰り返しながら、自分の悩ましい思いと距離を取ってつきあっていく方法です。

「ああ、俺、しんどくなってきてるなあ」、「俺もうこの世から消えていなくなりたいなあ」――そんな思いが湧いてきたら、その気持ちをただそのまま認める、眺めるようにしていくのです。それに巻き込まれないようにして、自分をただ観察するのです。

そして三つ目の方法は、「ダメな自分」を語りあう仲間を持つことです。

「やってらんねえよなあ」

「ほんとに俺、ダメだよなあ」

「また女に捨てられた」

「また失敗しちゃった」

「ほんとダメだねえ」

こんなふうに「ダメ」を共有しあえる仲間を持つことです。この時、聴いている人は相手が何を言っても批判しないこと。ただ、認める。眺める。そんな感じで、自分を客観的に見たもう一人の自分の役割を、仲間にやってもらうのです。そうやって、ダメな自分をお互いに笑いあうのです。

最初から自分一人でおこなう方法には限界があります。「単独者」たりえる前に自分の欠点をお互いに笑いあえる仲間がいると、とてもいいのです。

▼人生は「まっ灰色」

カウンセリングをしていると感じさせられるのは、何歳になっても心が未成熟なままの人には、人生を真っ白であると思おうとしている人が多いということです。努力家の人、パーフェクショナリスト（完全主義者）は、万能感が強く、「努力すれば何とかなるはずだし、なるべきだ」という思いを抱いていることが多いのです。

けれども、それは人生の現実から目をそむける逃避です。読書や勉強ということにすがりながら「人生は真っ白だ」と信じながら、グレーな部分を排除して生きているのです。

かといって人生はもちろん真っ黒でもありません。そんなに悪いことばかりでもないのが人生です。当然のことですが、いいこともあれば悪いこともあるのが人生。つまり人生というのは限りなく「灰色」なのです。

この濁った灰色という現実に耐え切れなくなって、真っ白な完璧を求め続けてしまうのが人格が未熟な人の特徴です。そうやって真っ白な完璧だけを追求していけば、ジワジワと自分を追い詰めることになります。

その人に必要なのは、人生は真っ白でもなく、かといって真っ黒でもない。濁り切った灰色であるということを少しずつ受け入れていく作業です。これは、ある種の「喪の作業」に似ています。誰か大切な人を失ったことを受け入れざるをえない「喪失体験」に似ています。「人生は限りなく濁った灰色である」という、受け入れ難い現実を受け入れていく作業です。

大切なことは、「少しずつ」諦めていくことです。

受け入れ難い現実をいきなり直視しようとすると、心に無理な負担がかかり、傷となってトラウマになってしまいかねません。見たくない現実は、少しずつ、ゆっくりと、見ていくことです。例えば、あなたが最近大きな失恋をしたとしましょう。あるいは、突然離婚を突きつけられたとしましょう。こうした見たくもない現実を見ていくのが大人になるということですが、それをいきなり直視するのは心に負担がかかりすぎます。

あの人はもう戻ってこないのだという現実を少しずつ受け入れていく。この「少しずつ」というのがとても大切なポイントです。見ないふりしながら、ちょこっと現実を見て、「まっ、いいか」、「仕方ないか」、「それでやっていくしかないか」と心の中でつぶやきながら、少しずつ現実を受け入れていく。

そして、それでも前を向いて、意欲を失わずにやるべきことに取り組みながら生きていく。ここがとても大切です。お子さんを心を込めて育てたにもかかわらず非行に走ってしまった。あるいは罪を犯してしまった。それでも、自分の子どもだから縁を切るわけにはいかない。残念ながら、自分の思いどおりの子どもには育てられなかった。成績がもっとよくなると思っていたら、残念ながらそうはならなかった。

それでも、その現実を諦めずに、「まあ、うちの子はこうなんだな」、「仕方ないな」、「でも、やっぱりうちの子はうちの子だしなあ」と夫婦でぼやきながら、その現実を少しずつ受け入れていく。それでも前向きに意欲を失わずに子育てをしていくということがとても大切なのです。人生の七、八割は思いどおりにならないことだと私は思います。私の人生はそうでした。けれども、その思いどおりにならない七、八割のことを「まあ、仕方ないか」、「それでもやっていくしかないか」、「また今度があるさ」と自分に言い聞かせながら、それでも投げやりにならずに意欲を持って生きていく。

逆に言うと、七、八割は諦めながら、残り二割三割のうまくいったことを大切に慈しみながら、心を込めて生きていけることが成熟した人格の証です。

▼大切なのは、「かろうじて希望を失わずに、老いの現実を少しずつ諦めていくこと」

中高年に必要なのは、少しずつ欲望を縮小させていく力です。欲望のスリム化、ダイエット化です。上手に欲望を縮めていく力。上手に諦める力が必要になってくるのです。

自分に対して、「ま、いいか」、「仕方ないか」、「諦めるしかないか」、「やれることはやったもんな」、「できることをやっていくだけだよな」。こういった言葉を投げかけながら生きていくことが大きな意味を持つのです。自分の中で小さな諦めを上手に重ねていけること。これが諦める力です。

諦めるか諦めないかが重要なのではありません。諦めなくてはいけないことは人生共通の大前提です。なぜなら人生の大半は思いどおりにはならないわけですから。私たちが問われているのは上手に少しずつ諦めていく力です。助走なしにズバっと現実を直視しなさいというのはあまりにも酷です。これではトラウマになったり、ＰＴＳＤ（心的外傷後ストレス障害）の症状が生まれます。

仏教の修行の中で「諦める力」を鍛えていく厳しいトレーニングツールのひとつに、仏教画の「九相図」があります。美女がだんだん年老いていって死に、死体となり、鳥たちがその死体をついばむという美女の肉体の死後の変化の様子を表した絵です。その絵をじーっと見て瞑想するという修行があるのです。この修行中におかしくなるお坊さんも結構いるのだそうです。現実を見つめるのはあまりにも辛いからです。

しかし、これは当たり前の現実です。どんな美女でもおばあちゃんになるし、死体になるわけです。これは誰もがわかっている現実ですが、それを無理やり直視させられると発狂してしまいます。また、だからこそ修行になるわけですが。

私たちは僧侶になるわけではないので、そんな厳しい修行を積む必要はありません。もっと緩やかに、「見ないようにしながら少しずつ見る」。見ないようにしながら少しずつ、ちらちらと見ていくのです。例えば、昔どんなにきれいだった奥さんも老けていきます。前ほどきれいではなくなる。もちろん、自分自身も次第に老けていきます。白髪が増えていく。頭の毛が薄くなっていく。勃起力が落ちていく。その現実を少しずつ受け入れていくのです。

老化に抗して、育毛剤で髪の毛が増えるならそれも結構ですし、バイアグラを飲んで勃起するのならば、それも結構な話です。しかし、そうだからといって、「俺はいつまでも若いまんまだー」、「二〇代と変わらないぞー」と思うとなると、これは単なる錯覚です。

ただし、自分は老いているとズバッと思い切って諦める必要はありません。無理にそうしようとすると「やっぱりできない」、「まだ諦め切れない」となって、逆に執着がかき立てられます。

追いかけたり、執着したり、しがみついたりしていいんです。人間、何とか現実をごまかさなくてはとうてい生きていけませんから。自分が老けている現実をちらっと見る。ちらっと見て、少しずつ上手に諦めていくのです。

▼向上心がもたらす害悪

ところで、諦めが悪い人には向上心が強い方が多いものです。「私はもっと上に行けるはずだ」と、上を目指してがんばるのが向上心です。向上心そのものが、「執着心、諦めの悪さ」の産物でもあります。

向上心にはもちろん、悪い面ばかりではありません。いい面もたくさんあります。けれども、「もっと上に行けるはずだ」と向上心を持つことは、別の面から見ると、いつまで経っても「今の自分ではダメだ」、「まだダメだ。もっと上に行かなくてはダメだ」というふうに「絶えず自己否定し続けている」ということでもあります。これがたゆまざる苦しみの連続へと自分を追いやってしまうのです。どこまで行っても自分にダメ出しをし続けるパターンが身に付いてしまうのです。

その典型の一つが勤勉な読書家です。勤勉な読書家にはこのパターンを身に付けてしまっている人が少なくないのです。まだこの程度の自分では幸福になってはいけない。安定してはいけない。そのようにして、絶えず自分にダメ出しをし続けて、努力し続ける人がとても多いのです。そしてこれが向上心の害悪、つまり絶えざる自己否定の悪循環にその人を追いやってしまうのです。

カウンセリングに来られた方で、こんなふうにおっしゃった方がいました。

「私の心の中には、どこまで行っても上がり切れない階段があるんです。がんばって……がんばって……努力して努力し続けて……。階段を上がり切ったと思ったら、そこにはまた新たな階段があるんです。毎回そのことに気づかされます。私の人生はそういうことの繰り返しです。だから私はどんなにがんばっても、『まだダメだ。もっとがんばらなくては。今のままではダメだ』と、そう思ってしまうんです」

この「心の中の階段」というのは、非常に象徴的です。向上心には終わりがないから、上の階に行っても、またさらに上の階がある。これを「心の階梯《かいてい》モデル」と言います。強すぎる向上心を持っている人は、自分の心の中に「心の階梯」を持っている。心の中で自分がつくった「心の階梯」によって「もっと上に行かなくては」、「まだダメだ」と自分に常にダメ出しをしているのです。

こういう人の心のパターンは、「仮想的な未来のある地点」を設定して、その「仮想的な未来」のために、現在の自分を犠牲にし続ける、というものです。がんばれば、いつかは幸せになれる未来が待っているんだ。努力し続ければ、本当の幸福が来るはずだ。その日に初めて真実の自分、本当の自分が実現されうるのであって、今はあくまでもそのための通過点にすぎない。「いつか実現するはずの未来」のために、今この瞬間を常に犠牲にしているわけです。今この瞬間を犠牲にして、「努力した末にいつか到来する未来」のために生きている。そのため永遠の自己否定の罠《わな》にかかってしまっているのです。

▼「失う練習」をする

『死の瞬間』という本がベストセラーになったエリザベス・キューブラー・ロスというターミナルケアの先駆者がいます。人は、死の瞬間に向かって、自分の能力をはじめとして様々なものを失っていく。この喪失に対してどうやってサポートしていくかに取り組んだ先駆的な方です。

キューブラー・ロスは、こんなふうに言っています。

われわれのほとんどは、人生が喪失であり、喪失が人生であることを理解せずに、喪失に抵抗し、それと格闘しようとする。喪失は人生でもっとも苦しいレッスンのひとつではあるが、人は喪失なくしては成長できず、喪失なくして人生を変えることはできない。ユダヤ人の社会に「多くの結婚式で踊る者は多くの葬式で泣く」という古いことわざがあるが、それは多くのはじまりに立ちあう者は多くのおわりにも立ちあうことになるという意味である。友人の数が多ければ、それだけ喪失を味わう機会もふえるのである。
もしあなたが喪失の痛手に苦しんでいるとしたら、それは、それだけ豊かに人生の祝福をうけていたからこそである。

（エリザベス・キューブラー・ロス、デーヴィッド・ケスラー著『ライフ・レッスン』上野圭一訳／角川文庫）

人は喪失なくしては成長できない。成熟した人格にはなれないのです。私もまったくそう思います。
人生は、喪失であり、諦めです。喪失と諦めの連続が人生です。喪失と諦めは、人生におけるもっとも苦しいレッスンのひとつです。人は、喪失や諦めなしには成長できないのです。

▼「変えられないものを受け入れる落ちつき」と「変えられるものは変えていく勇気」を

喪失や諦めはなかなか苦しいことです。あまりに苦しいから、アルコールに走る人も多くいます。アルコールを飲むと万能感を取り戻すことができるからです。ハイになることができる。人生の苦しい現実——例えば、離婚されそうになったり、子どもが非行に走ったり——これらのことから目を背けたいと思ってアルコールに走る人は少なくありません。そして、それが続くとアルコール依存症になるのです。

このアルコール依存症の人をサポートする会のひとつが断酒会です。AA（アルコホーリクス・アノニマス）というサポートグループがあります。そこでは、「平安の祈り」という短い詩がよく唱えられます。これは神学者のラインホルド・ニーバーによるものです。

神様　私にお与えください
自分に変えられないものを受け入れる落ち着きを
変えられるものは変えていく勇気を
そして二つのものを見分ける賢さを

（「平安の祈り」）

この詩はとても大事なことを教えてくれます。

自分に変えられないものを受け入れる落ちつき。変えられるものは変えていく勇気。そして、このふたつのものを見分ける賢明さ。

これらを身に付けることほど、人格が成熟していくこと。本当の意味で大人になるために大切なことはないと思います。

アルコール依存症になる人は、いわば現実を受け入れられない人です。成熟を拒否した人、現実を受け入れたくない人が絶えずハイになりたくて、アルコールに走るわけです。そういう人が、少しずつ現実を受け入れていくことをサポートするのがＡＡであり、その上でもっとも大切なことを詩にしているのが「平安の祈り」だと思います。

ここで重要なのは、「変えられるものは変えていく勇気」と言っていることです。単に現実を受け入れるだけではない。変えられないものを現実として受け入れて諦めるだけではない。変えることができるものは、ちゃんと変えていこうと言っているわけです。

これはとっても大事なことです。このバランスを保ちながら、しかもそのふたつを見分ける賢明さを持つことが大切なのです。

第五章　うつは中高年を魂の世界へ導いてくれる扉

▼人間のがんばりには限界がある

中高年の少なからずが一度は「軽うつ」状態に陥ります。うつは、心のエネルギー切れです。うつは確かに苦しく、辛いものです。しかしそれによって、中高年が内面の世界に気持ちを向け、心の変容に取り組み始めるひとつのきっかけとなることも、しばしばあるのです。

うつとは何か。ひと言で言えば、脳の疲労の蓄積です。個人差はありますが、人間、気が張った状態が九〇日以上続くと、誰でもうつになるのです。

特に読書を趣味とするようなまじめな方は、「こんなんじゃダメだ」、「まだまだダメだ」と言って、自分にむち打つところがある。

人によっては二〇日、三〇日でも耐えられない場合もあるでしょうが、あなたが今、そこを耐えぬいてきて、もう九〇日以上、がんばっているなと思ったら、無理をせずにすぐに休んでください。もうすでに限界が来ているはずです。どんなにあなたがタフでも無理です。自分がどんなにタフだと思っていても勘違いしないでください。〝九〇日以上のがんばり〟は危険ゾーンです。必ずお休みを取ってください。

▼心が未熟だと自分のうつに気づかない

ひとつ知っておいて損がないのは、心が未熟な人は自分がうつであることに気づくのが遅れやすいということです。

未熟な人は、ダメな自分を認められません。だからうつになっている自分など認められない。努力すれば何とかなる。根性を出せば何とかなる。勉強をすれば何とかなる。そう思っている人は、うつになっている自分も認められないのです。

あるいは、ダメなのは自分の根性が足りないからだとか、努力が足りないからだと思ってしまう。それゆえ、うつになっている自分に気づけずに、努力でごまかそうとしてしまいます。その結果、うつの治療が遅れるのです。一生懸命がんばってきたからこそ、今の自分がある。一生懸命がんばったから、今の成功がある。そんな思いが強すぎる人がこうなりがちです。

こういう人は、「必死でがんばる」という細いレールの上を走り続けています。いったん「一生懸命がんばる」というレールから外れ、うつになっているダメな自分を認めてしまうと、一気に自分が崩れてダメになってしまうんじゃないかという不安がある。だから、自分がうつになっているということを認められずに受診が遅れ、うつが重たくなるのです。その結果、仕事を辞める羽目になったり、家庭が壊れたりします。

私の仕事の関わりで言うと、例えば雑誌の編集の方などは、疲れている自分を無視し、意識の外に追いやることに慣れてしまっている。ハードワークになじみすぎているのです。そのため、本来ならば自然に感じることのできる疲れを感じることができないようになってしまっています。これがうつに気づくのを遅らせるのです。

こういう人がなってしまううつに、「荷おろしうつ」というのがあります。「荷おろしうつ」とは、文字通り「心の荷がおりたとたんに現れるうつ」のことです。

ものすごく忙しい時期は気を張り、テンションを上げまくっているので、気力で何とか乗り越えられるのです。しかしこのハイテンションは、一時的な「躁《そう》」の状態。ハイテンションでがんばり続けていると、仕事のピーク、山を越えて、「あ、終わった」と荷おろしをしたとたんに一気にがくっと来て、うつ病になる。そういう人が結構多いのです。

自分のうつを認めたくない人が頼るのがアルコールです。アルコールを飲むとハイテンションになるので、疲れている自分をごまかすのには都合がいいのです。あまり寝ずに仕事をして、アルコールを毎日飲みに行っている人、結構いるでしょう。睡眠時間は三、四時間しか取っていない。これが一番危ないです。一気にうつが来ます。睡眠導入剤などを使ってもいいので、じっくり寝ましょう。

アルコールでごまかす悪癖は、アメリカ人より日本人の方がはるかに強いです。アメリカでは、眠れない時にお酒で気を紛らわせて寝ようとする人はあまりいません。そんなことをするのは、健康保険に入ることができないかなりの低所得者層だけです。

日本はアメリカと違って皆保険加入ですから、病院に行けない人は少ないと思います。どうしても眠れない場合は、アルコールではなく、薬で眠れるようにしましょう。薬に頼りすぎないよう注意しながら、ともあれ、まずは六〜七時間、しっかり「眠る」こと。それがうつのリスクを減らします。

▼うつだから体験できた魂の深い世界

アメリカの自殺の名所のひとつに、サンフランシスコのゴールデン・ゲート・ブリッジがあります。自死念慮があり、そこから飛び降りようとして保護された人のセラピーをしてきた人に、デヴィッド・ローゼンというユング派の心理カウンセラーがいます。この人がこう言っているのです。

「自殺をする人に必要なのは、本当は、スーサイド、肉体の死ではない。彼ら・彼女らに本当に必要だったのは、エゴサイド、自我の死である」

中高年は、若い時のようにエネルギーを外に出していくことができなくなり、うつ状態に陥る人が多くいます。しかしこのうつ状態は、自分の内面を見つめる内省作業の中で、古い自分は死んで新たな自分へ生まれ変わるという「死と再生」の作業に取り組むための導入役の役割を果たしてくれることもあるのです。

うつは、英語で〝depression〟と言います。これは、〝de〟「下方へと」〝press〟「圧する」という意味。下へ降りていくという意味です。つまり、うつの状態にある多くの人は、自分の気持ちの中で下へ下へと、深く深く降りていくのです。

けれども、生活していくためにはテンションをアップさせて、定時に出勤し仕事をし続けなくてはなりません。そのため、うつになっても多くの人は、この下に降りていく作業、内面に降りていく作業を半端なところでやめざるをえません。

肉体は何とか上を向かなくてはいけない。でも内面ではどんどん下に降りたがっている。このふたつの力の間で引き裂かれて、多くの人はうつになり、苦しんでいるわけです。

「人間、ただ生きてるだけでそれでいい」などと、よく言われます。

ある方が、カウンセリングでこう言いました。

「私は職場でも家庭でも、もう必要とされていないんじゃないか。期待に応えることができないんじゃないか。そんな自分にもう存在意義はないんじゃないかと思うんです。ただ生きていればそれでいいと心から思うことができれば、どんなにいいかと思いますけれど……けれども、そう思うことはとてもできないんです」

興味深かったのは、この方の身体《からだ》の症状として、この心の在り様が見事に表現されていた点です。

「自分の左半身、心臓は半分停止しているような感覚があるんです。これって身体が生きることを拒否しているということじゃないかと思うんです。左半身が、いつもしびれているっていうか……」

この方は、このことに気づけて本当によかったと思います。この状態を無視して突っ走っていると、いつか過労死までいってしまったりするわけです。身体のしびれの感覚としてうつが現れることは結構あるのですが、それは「このまま生きたくない」、「自分の心を麻痺《まひ》させておきたい」という心の現れなのです。

うつというのは、先ほども言ったように、「下の方に降りていく力」です。現実生活を送りながら少しずつそれを見ていくことが大切です。

自分の中の「うつの力」を少しずつ見ていく。ちらっと見ていく。自分はうつだな。内面に向かわざるをえないなあと、自分の中に働いている「下に降りていく力」を少しずつ認めていくことが必要になってくるのです。そうやっていくと、うつが新たな生き方へと自分を誘《いざな》ってくれているとわかることがあります。

八年間うつ病で苦しんだ女性が、深いことを語ってくれました。この方は、自分はもう八年間もうつが治らないから、この症状と一緒に生きていくしかないとおっしゃっていました。そればかりか、自分のうつが導いてくれた内面の深い世界にしっかり降りていきたいと願っていたのです。

この方のカウンセリングをしていたある時、この方と私は向きあって座りながら、ふと、二人の間にぽっかりと空いているように感じられるその空間をどちらからともなく、いっしょに見ていました。

しばらく二人で二人の間の空間を見つめた後、この方はこう言いました。

「ここに何だか真っ暗で深い穴があいているような気がするんです」

「そうですか……。私もいっしょに見させていただきますね」

その後しばらく、二人でその「穴」を見ながら話をしました。

五分ぐらいの沈黙の後、彼女はその真っ暗な闇、暗い穴を見ながら、こう言ったのです。

「最初はただ真っ暗で何もないと思っていたけど、穴の底あたりに、実は真っ黒な大きな石がありますね。その石は、よく見ると黒いだけではありません。白く輝く光や紫色に輝く光が発せられています。そして何だかその白い光や紫色の光を見ていると、私の心の深いところがとても落ちついてくるんです」

またその後、彼女はこう言いました。

「私は夫からの暴力を受けたことをきっかけに、うつ病になりました。働けなくなって仕事を辞めて引きこもっていました。残念と言えば残念ですが、けれども今ではむしろ感謝しています」

「どういうことですか」と私がたずねると、

「もし私がうつ病にならなかったら、こういう内面の深い世界、魂の世界に気持ちを向けて学ぶということなんて、なかったと思うんです。うつが、この内面の深い世界、魂の世界の学びに私を導いてくれたんだと思うんです。その中に入っていくと、これまで自分がいたのとはまったく違った、すごく暗くて、けれども美しく輝いている世界にいることができるんです。うつが私をこの世界に導いてくれたんです。

もしうつにならなければ、真っ暗で、けれども同時にまばゆいほどに光り輝いているこの世界を学ぶこともなかった。そう思うと、本当に恐ろしいと思います。もし仕事も結婚も順調でうつにならなかったとしたら――そして、それゆえにこの魂の深い世界を知らずに生きることになったとしたら――そう思うと、むしろそちらの方が恐ろしいです。

人生っておもしろいですね。不可思議っていうか……。うつになってずっと苦しんできたからこそ、魂の世界を知ることができたなんて……。

私はうつに感謝しています。だってうつになる以前と比べても、今の方が心の深いところではずっと深く満たされて生きているからです」

とても深いお話だと思います。「魂が深く満たされた生き方」とはどういうものかを教えてくれるエピソードです。

第六章　「思いのほか」を楽しむ

▼思いどおりにいく人生がいいとは限らない

人生は、思いがけない出来事の連続です。

みなさんは、いかがでしょうか。これまでの人生を振り返ってみると、「こんな人生になるとは思ってもみなかった」。案外多くの人がそう思われているのではないでしょうか。

人生で運ばれてくる思いもかけなかった出来事や出会いの数々――この一つひとつを大切に慈しみ、楽しみながら日々を生きていける。これが、成熟した大人の心の持ちようです。

人生の大半は、思いどおりにならないことばかりです。けれども、考えようによっては、「思いのほか」によいことも結構起きているものです。そのつながりで人生は流れていくのです。

例えば私の場合、融通がきかないタイプで、専門バカ。今の仕事以外に、まともにできる仕事はないでしょう。心から好きなことしかできないのです。もし今の仕事についていなかったら、五四歳の今でもフリーターかホームレスかもしれないと本当に思います。私は、このことを忘れてはいけない。人生で運ばれてきた好運への感謝の気持ちを忘れてはいけないと思います。

ではなぜ、今の仕事につけたのか。私は中学三年から大学三年まで――「哲学神経症」と自分では呼んでいるのですが――苦しみ続けたからです。七年間、「人生の意味は何か」、「本当の生き方とは何か」とひっきりなしに問い続けていました。観念的な悩みにがんじがらめになって、堂々めぐりを繰り返し、苦しみ続けたのです。

例えば、英語の試験中に「本当の人生」についてのある観念が浮かんできたら、答案を裏返して、小論文を書き始めたりしていました。そんな有様ですから、全然勉強が手につかず、ろくに受験勉強もできなかった。そのことが幸いして、私は、ほかの道を諦め、今の仕事で生きていこうと決意することができたのです。

そういう運や縁が、私を今のこの仕事に運んできてくれた。もしこうなっていなかったら自分は、まともな生活は送れていなかったという思いが私にはあります。これが私の運命が運んできてくれた道なのだと心から思えるのです。

このように、人生には、「思いのほか」によいこともあるのです。思いどおりにいくことの方がいいとは限らない。思いどおりにいかないことによって、人生という河の流れがその人をちょうどよきところに、運んでいってくれるかもしれません。

そう考えると、努力と向上心で人生は何とかなると思っている人は、「我」が強いのです。「我」＝自分の計画や目標にこだわり、執着しすぎるのです。

「私がこうしたい」、「私はこの大学に行きたい」という「自我」の思い描いたストーリーへのこだわりが強すぎます。

「運」や「縁」よりも「我」を優先し、それにこだわる。自分の立てた目標にこだわりすぎるがゆえに、運や縁を棒に振ってしまいがちなのです。これは損です。もったいない。

こういう人を真の意味でエゴ・イスト＝「自我主義者」というのです。

▼「運」や「縁」に開かれた生き方

では、どういう生き方がいい人生につながるのか。自分の立てた目標や計画にこだわりすぎない。人生のプロセスで運ばれてくる「運」や「縁」、「チャンス」を大切にする。そういう生き方です。

人生には、人をどこかに向かって運んでいくような「力」が働いています。「方向性」と言ってもいいでしょう。あなたの背景にあって、あなたをどこかに向かって運んでいく「人生の流れ」です。これは、何も特別に神秘的なものではありません。どの人の人生にも、日々起きている偶然です。人生でたまたま起きた偶然の出来事に心を開かれ、誘われ導かれて、この一瞬一瞬を大切に生きること。そういう人が人生で時折訪れる「幸福の波」に乗れる人です。

「プランドハップンスタンス理論」は、スタンフォード大学の元教授で心理学者のジョン・クランボルツが唱えた理論です。

「プランドハップンスタンス理論」の「プランド」は「計画された」、「ハップンスタンス」は「偶発性」という意味です。「プランドハップンスタンス理論」とは、「偶然性を計画する理論」ということです。

クランボルツは、ビジネス界、スポーツ界、芸術の世界などで、大成功を収めている人たちに会い、その人の「人生の転機」となった出来事について聞いていったのです。それは計画的努力によるものなのか、あるいは、たまたま偶然の出来事や出会いによるものなのか。このふたつに分けてもらったのです。

実に驚くべきことに、人生で大成功を収めている人の転機の八割は、偶然によるものだったのです。一方、計画的努力による転機はたったの二割でした。

これはつまり、運のいい人は幸せになって、運の悪い人は幸せになれないということなのか。そうではありません。

偶然の出来事やチャンス、出会いに「心を開いた生き方」をしている人、そういう「生き方」を選び取っている人が幸福になっているということなのです。

人生の中で運やチャンスは誰にでも訪れてきますが、そのチャンスに対して心開かれた生き方をしているか。それとも、せっかく運ばれてきたチャンスや縁をないがしろにするような生き方をしているか。それによって、人生は大きく分かれていくのだということをこの理論は教えてくれているのです。単に運がいい、悪いではないのです。「運」や「縁」そのものは、人智を超えたところから「運ばれてくる」ものであるけれども、一方、それに対する「自分の態度」は自分で「選択」できる。ここが大きなポイントです。

▼人生を豊かにする五つの考え方

「思いのほか」起きる偶然の出来事によって人生を豊かにするためには、次の五つの考えを持っておく必要があります。

ひとつ目は、「人生のすべての出来事には意味がある」という考えです。あらゆる出来事や出会いに無駄なことはない、という考え方です。人生では、日々様々なことが起きています。人生で生じる様々な出来事や出会い、運や縁に対してオープンマインドを保つことができるか。それとも「どうせ大したことない」と流してしまうか。ここに大きな違いが生まれるのです。

ふたつ目は、「偶然は自分の人生を豊かにしてくれるものである」という考え方です。「偶然は偶然。たまたま起こったことにすぎない」。こうした態度で生きていると、幸福は逃げていきます。これは私に言わせると、人生の宝をごみ同然に扱ってしまったようなものです。とてももったいない。

偶然に対するものの見方を変えてみましょう。そもそも、人生で起きることの大半は偶然です。私たちの意図とは関わりなく生じてきます。そして、こうした出来事によって、私たちの内側の「未来に対する暗黙の予感（インプライング）」（Eugene T.Gendlin）が形成されます。そして、このインプライングによって、私たちは「これから起こりうること」、「これから起こる必要のあること」をかぎとり、そこから何かを選び取って生きているのです。

なぜ人生で無駄なことは何ひとつない、意味のない出来事なんてないと言えるのか。それは、正確に言えば、どんな出来事もインプライングに影響を与えないではいられないからです。すべての出来事は「インプライング」へと生じます。すべての出来事は、これから起きうること、起きなくてはならないことについての「暗黙の予感《インプライング》」に影響を与えずにはいられないのです。インプライングに従っているからこそ、私たちは、自分にとって意味あるものを選び取ることができるのです。

私たちは、しばしば過去を振り返って「すべてのことには意味があったのだ」と言います。それはしかし、自分の過去を肯定したいからばかりではありません。日々の選択を、この「インプライング＝暗黙の意味感覚」に従っておこなっており、人生の流れの中で必然的な意味のあるものを選び取っている、という感覚があるがゆえなのです。

三つ目は、「あなたを幸福にする偶然は、人生に対してある種の構えを取ることによって呼び込むことができる」ということです。

ある人は、いつもどこか物足りなさそうな、心が満たされない顔をしています。「仕方ないのよ、私、出会いに恵まれていないだけなのよ」などと言います、しかし「出会いに恵まれていない」と言う人の多くは、実は、出会いをないがしろにしている人です。

逆に、「私の人生にはいい出会いが待っているはずだ」という信念を持つことができれば、小さなチャンスや出会いにも目が開かれていきます。小さなチャンスであっても、逃すことが少なくなります。

四つ目は、「幸運をもたらす偶然は、意図し計画することができる」という考えです。

例えば、パーティーやイベントの受付係は参加者全員と会話ができます。受付を担当していて、ちょっとした会話の際にいい印象を持ってもらうことができると、その後にまた会う約束もしやすくなります。

出会いそのものは、偶然にもたらされるものです。しかし、受付の仕事をすることへの立候補は、あなたの選択でできます。心のアンテナを高く張って、いい出来事や出会いが起きそうな「予感」がする場所を選んでそこに足を運ぶとか、いい出会いにつながりそうな役割を担当する、というのは、自分自身の選択で意図的計画的にできるものです。

五つ目は、そのように呼び込まれた偶然は、もはや単なる偶然ではなく、それはいわば「必然的な意味を持つ偶然」＝「必然的偶然」である、ということです。ここで言いたいのは、ある種のスピリチュアリストみたいに、「すべては必然ですよ」、「そうなるように決まっていたんですよ」ということではありません。

そうではなく、この人生で「起こりうること」、「起こりうるべきこと」に対して、心のアンテナを張り、それについての「インプライング」を大切にしながら、取るべきアクションを起こした分だけ、起こるべき「必然の出来事」は生じ、出会うべき人との「運命の出会い」ももたらされる、ということです。

そういう構えを持って日々を生きることが大切です。すると、人生で意味ある大切な出来事や出会いがもたらされた時に「それ」とわかるようになります。そして、「それ」を大切にして生きていくと、その出来事によって何らかの方向へ誘われ「運ばれているのだ」ということが実感としてわかるようになります。

すべては必然で全部決まっている、のではないのです。私たちの選択次第なのです。意味のある出来事は、あなたの選択によって呼び込むことができます。

今、アドラー心理学がブームですが、アドラー心理学でも、「あなたの選択で人生は変えられる」と考えます。人生をどうするかは、あなたの選択次第。自分の人生に起きうることに対してイエスと言う。選択をすることで、人生の流れは進み始めるのです。

仕事でもそうです。例えば、ある人が「この仕事ちょっとやってみない？」と誘ってくれた。その時に、「そんな仕事、ちょっと……」と言って断るか。それとも少し遊び心を出して「やってみるか」と思って言葉にしてみるか。そこで「人生の流れが変わる」のです。

▼「運」と「縁」を大切にする生き方

一番よい人生をまっとうできるのは、努力だけの人でもなく、運だけの人でもありません。実力もありながら、偶然のチャンスに謙虚に心を開いている。そんな人だけが、成功したり幸せになったりできるのです。

ある四〇代のシングルマザーの方の話です。その方は、自分の人生でもう出会いはないと思っていました。彼女がお子さんの中学受験のお参りに湯島天神に行った折のこと、近くの甘味《かんみ》処《どころ》でお茶を飲んでいたら、たまたま横に座っていた男性と言葉を交わし、「お子さん、どこ受けるんですか」、「……そうなんですか」という話になったそうです。その男性はシングルファーザーだったのですが、これが縁となり結婚されたのです。

この時、声をかけられても、もし女性が気持ちを閉ざしていたら、出会いはなかったでしょう。けれどもちょっと話をしてみたらいい感じの人だったので、おざなりの対応をせず、「いやあ、◯◯から来たんです」と言って連絡先まで交換したから縁が開いていったのです。だまされないようにすることも大切ですが、リスクを取らなさすぎても、縁が開かれないまま、時間ばかり過ぎていってしまいます。

こんな方もいます。仕事に疲れたあるサラリーマンが、ある日、ぼーっと考え事をしながら道を歩いていたら、道を間違えてしまいました。いつも歩いている道なのに、なぜか間違えてしまったのです。フラッと歩いていると、途中にお寺があり、何気なしに入ってみた。そこで瞑想講座が開かれていることを知り、ちょっと興味を惹《ひ》かれて参加してみたところ、そのうち、仏教の世界に本格的にのめり込み、結局その方は脱サラして僧侶になったのです。

ちょっと寄り道をしたことがきっかけとなって、転職につながっていったわけです。

運と縁に恵まれている人の共通点は「人生で運ばれてくるもの」を大切にしていることです。「運」と「縁」が来る予感、運ばれてくる予感、自分の人生で「もたらされるべきもの」が「もたらされてくる」という「暗黙の予感（インプライング）」を大切にしていることです。ただぼーっとしていては、その機会は流されていってしまいます。

人間は、わずか数十年しか人生を生きることができません。たった数十年だからこそ、せっかくの貴重な機会を流してしまわないためには、それらが「まさに、今、もたらされつつある」というインプライングへと意識が「開かれていること」が大切なのです。

例えば最近出会った人の中で、ちょっと気になった人に連絡してみるかどうか、それとも流してしまうのか。

またある時、なぜかわからないけど、高校の時の友達が夢に出てきたとしましょう。ユング心理学では、「夢はお告げ」と考えます。夢は、「未来からのメッセージ」が運ばれてくる場所だとユング心理学では考えるのです。

そういう時に「どうせ夢の中のこと」と流してしまう人と、その友達にメールを打って「最近どうしてる？　昨日あなたが夢に出てきたんだ」、「久しぶりに飲もうか？」となる人がいる。後者の場合、もしかしたらそれがきっかけで相手が異性だと結婚になるかもしれないし、すごい親友になったり、ビジネスパートナーになったりするかもしれません。

プランドハップンスタンス理論をつくったクランボルツが、すごく幸福な人生を生きている人にインタビューしていて気づいたのは、その人たちが"happen to"（たまたま……が起こって）という言葉をよく使うことでした。

「いやあ、たまたまですよ。たまたまこういう縁があって」、「たまたまこういうチャンスがめぐってきて、何とか危機を切り抜けることができたんです」というふうに「たまたま」という言葉を使う頻度がすごく多い。

プランドハップンスタンス理論が示すように偶然の出会いや運を大事にする人が幸福な人生を送っていることは、科学的に証明されています。それは決して神秘主義的なオカルトではなく、幸福なキャリア形成の八割は偶然によるという統計的に有意差があるデータとして示されているのです。

▼「これから起こりうること」への「予感」を研ぎ澄ます方法 ――フォーカシングとプロセスワーク

人生でこれから起こりうる出来事や出会いについての「暗黙の予感（インプライング）」を大切にすること、それを見逃さないことが、人生の「流れ」に乗り「たどりつくべき運命」にたどりつくためには大切です。この「予感」の力を研ぎ澄ます優れた方法が「フォーカシング」と「プロセスワーク」です。

フォーカシングとは、一言で言うと「マインドフルネス（ただ、起きていることを距離を取ってながめる瞑想法）＋インプライング（起こりうることの暗黙の予感）への意識集中」です。

フォーカシングを学ぶことで、インプライングへの意識集中力を研ぎ澄ますことができ、人生で起きてくるプロセスに自覚的に従っていくことができます。

一方、プロセスワークは、ユング的なシンクロシニティ（運ばれてくる偶然の運命）に対するオープンな姿勢をさらに重要視します。フォーカシングは「内側からの気づき」を重要視するのに対して、プロセスワークは「内側からの気づき」と「外側からの気づき」の双方を同時に大切にしていきます。いずれも、人生で起こりうることや、人生が向かうべき方向性、これからもたらされる出会いや出来事についての微細な感覚を研ぎ澄ましていくための最良の方法です。世間では、うつへの対処に有効な方法として、マインドフルネスが注目され流行していきます。しかし、私からすると、マインドフルネスでやめてしまって、フォーカシングとプロセスワークという「人生を豊かにする二つの秘技」を学ばないでいるのは、まことにもったいないことです。

第七章　あえて本気で生きる

▼ほどよく醒《さ》め、ほどよく諦めつつ、微笑《ほほえ》みながら日々を生きる

今、大人の生き方についていろいろな言葉が使われています。追いかけない。求めない。すがらない。しがみつかない……。

これらは、一言で言うと、「執着するな」ということです。

人生は絶えず変化していきます。日々移り変わっていきます。この「人生のはかなさ」をきちんと受け止めることが、成熟した人格になるには必要です。執着する、しがみつくということは、「人生の流転」という真実に抗《あらが》い、逆行する在り様だからです。

また、特に人間関係がそうですが、「こうあらねばならない」という自分の考えを人に押し付けることで、事態が悪化していくことは多いものです。逆に、人はなるようにしかならない

と諦めた時に、事態がいい方へ流れ始めることはよくあります。執着すれば執着するほど人間関係は悪化してしまいやすいものです。

人生はなるようにしかならないと、どこかほどよく醒め、ほどよく諦めながら生きることが大事です。さらに付け加えるならば、「微笑の伝道師」のティク・ナット・ハン（テーラワーダ仏教の僧侶）が言うように、怒りがこみ上げてくるような事態に対しても微笑をもって対することができるようになるならば、それは大人として最高のたしなみを有したと言えるでしょう。

しかしながら、物知り顔ですべてを諦めたようにして生きることが真の大人の生き方なのかというと、そうではありません。したり顔で、「人生なんてこんなものさ」と傍観者として生きるのは、大人として生きるのとは異なります。

両者を区別することが大切です。「人生なんてこんなもの」と傍観者として斜に構えて生きるということと、真の大人として現実を受け入れて生きることとは違う。そのことははっきり認識しておく必要があります。

▼何かを本気で選ぶ。本気でこだわりぬく

人生のすべては変化する。流転する。この人生の現実をそれとして受け止めた上で、それで

もあえて、自分が「これだけは大切だ」と思える何かを本気で選び、そのことにだけは徹底的にこだわりぬく。そうした何かを持っていることが、成熟した人格の特徴です。

そのことについてだけは徹底的にこだわりぬく。執着しぬく。こだわって、こだわって、こだわりぬく。しがみついて、しがみついて、しがみつきぬく。そこに魂の痕跡は残るのです。

人生ははかないものであると知りつつも、あえて徹底的にこだわって、濃密な魂の痕跡を残す。それが大切なのだと思います。

「何かを本気で選ぶ」ことの大切さを語ったのが、一八世紀の哲学者のゼーレン・キルケゴールです。キルケゴールは、『あれか　これか』という本の中でこう言っています。「大切なのは、何を選ぶかではない。何かを本気で選ぶということだ」。

人間の精神が不自由な状態の時には、「あれもこれも」状態になってしまいます。あれも欲しい、これも必要と欲張っているうちに、いろいろなことにとらわれて、心ががんじがらめになってしまいます。

例えば、Aさんからも Bさんからも嫌われたくない。会社のどの人からも好かれたい。世間から見捨てられたくない。人からの承認を失いたくない。「失いたくないもの」がいっぱい。これが「あれもこれも」状態です。

どれも手放せない。諦め切れない。こうしたことが積み上がっていくうちに、自分にとって真に大切なものが何かわからなくなる。周りに気を遣うだけの平板な人生しか生きられなくなってしまう。

重ねて言いますが、大切なのは、心の在り方を「あれもこれも」状態から脱して、「あれかこれか」状態へとシフトさせることです。そのためには、「何かを本気で選び」、「何かを本気で捨てる」ことです。「何かを本気で選ぶ」ということは、「選んだそれ以外のものを捨てる」ということだからです。

若い時は「あれもこれも」でいいのです。お金も欲しい、地位も欲しい、彼女（彼）も欲しい、家庭もつくりたい、子どももつくりたい……いろいろな欲望があって当然です。気力も体力も充実しているので、それで通用します。

しかし、四〇代以降、気力、体力はどんどん衰えていきます。そして、四五歳を迎え、五〇歳を超えると衰えは加速していきます。「あれもこれも」と求めていると、結局どれもできなくなってしまいます。

例えば料理ひとつ作るのにも、前よりも時間がかかるようになる。一日二四時間では足りなくなってきます。

若いころと同じように、「あれもこれも」と何でも欲していては、結局手を抜いてやることになってしまう。人生の後半を賢く生きるための知恵は、「あれもこれも」と、若い時のように多くのものを欲するのではなく、何かを本気で選び、それ以外は捨てることです。

そうしないと、とてもやっていけなくなるからです。

▼「心の器」を鍛えるトレーニング

私は心理カウンセラー、心理療法家を生業《なりわい》としています。心理療法家やカウンセラーというのは、「心の器」を鍛錬することが求められる仕事です。単に理論や技術でできる仕事ではありません。あえて言えば、カウンセラー自身の心が、唯一の「商売道具」です。理論や技術を学ぶだけではなく、心の器を鍛えることが、トレーニングの一環として求められる仕事なのです。

しかし、私たち専門家がトレーニングしている人格の器、心の器を鍛える方法は、カウンセラーを生業とする人間だけでなく、どんな人にとっても、真に成熟した大人になるためにとても有益なものです。

では、人間の心の器はどうやって測れるのか。ひとつのものさしは、誰かが本気で悩んでいる時に、「この人に相談したいな」とふと思える人にあなたはなることができているかどうか、ということだと思います。仕事上の軽い悩みであれば、多少人のいい上司であれば相談できると思います。けれども、本気で苦しんでいることを誰かに相談するとなったら、やはり相手を選びます。その時にもしかするとこの人だったらわかってもらえるかもしれないという思いを抱かれる人が、成熟した人であり、心の器が大きな人だと思います。

では、どうすれば心の器を鍛えることができるのか。

私は次の三つのことが必要だといつも言っています。ひとつ目は、人生を本気で生きること。ふたつ目は、深く自己を見つめること。三つ目は深く語りあうこと。深い、心の交流です。この三つが必要だと思うのです。

▼人生を本気で生きる

ひとつ目の「人生を本気で生きる」ということ。成熟した人格になるためには、これが何よりも大事なことだと思います。本気で生きたことがない人、その気配がしない人に、深い悩みを抱えた人が相談に行こうとはとても思わないと思います。

本気で生きるというのは、ひとつは、例えば仕事。仕事を本気でやる。これまでの人生を振り返って、自分は本気で仕事をしてきたと心の深いところで確信を持って言えるでしょうか。無難に仕事をしていると、確かに傷つかずにすみます。けれども、それでは、心はどこかむなしいままです。

「私はこれはどうしてもとことんやりぬきたいんだ」とこだわって本気で仕事をすると、場合によっては、三日三晩徹夜になるかもしれません。その結果、心身の健康を損なうかもしれません。本気で仕事をすることには、心身の健康を損なうリスクが常に伴います。心身を消耗せずにはいられないからです。

また、自尊心が傷つくリスクを負うことにもなります。本気で仕事をして、それでも満足なものがつくれなかった。あるいは、周囲から低い評価しか受けなかった。これはやはり傷つきます。自信を失います。その結果うつ病になってしまう方もいます。

二年ほど前に「下町ロケット」というテレビドラマがありました。本気で仕事をすることのすばらしさをうたった、いいドラマだったと思います。その中に登場する佃製作所の社員は、徹夜続きで仕事をします。実際にあれほど仕事をすれば、おそらくうつ病の社員が何人も出るでしょう。しかし、佃製作所の社員が不満を抱くことはないと思います。たとえうつになったとしても、「俺はやるべき仕事をとことんこだわりぬいてやったんだ」という深い満足感を抱くはずです。

つまり、うつを恐れたり、メンタルヘルスの悪化を恐れていては、本気で仕事をすることなどとうてい不可能なのです。

私自身も、3・11の大地震の後、自分に問いました。もし私が今死ぬとすれば、果たして大きな悔いは残らないだろうかと自分に問うたんです。すると二冊の本のことが思い浮かんだ。この本だけはどうしても書かずにはいられないという思いが湧いてきたんです。

そうした思いで書いたのが『スピリチュアル・カウンセリング入門（上・下）』（誠信書房）という本です。当時、スピリチュアルという言葉を広めていた江原啓之さんがスピリチュアル・カウンセリングという名前で霊能による人生相談をやっていました。霊能に当たる英語は一般にはスピリチュアルではなく、サイキックです。一方、スピリチュアリティというのは、本来、気高い崇高な精神性や魂の深みを表現する語です。それは、迷信や占いのように、人を依存的にさせるものでは決してありません。本来のスピリチュアリティは、自己を確立させた人が個を超えていく精神の働きを指すものです。そういう意味でのスピリチュアリティを志向するカウンセリングが、私の専門なのです。

しかし、その入門書をまだ書いていないではないか。これでは死ぬに死ねない。そう思って毎日、睡眠時間を二時間ぐらいに削って二カ月半ほどで本を書き上げました。心の底から満足感がありました。この人生で本当にやるべき仕事をやったという充実感がありました。

けれども、二カ月半も一日二時間しか眠らずに仕事をしていたから、その当然の報いとして、その後、眠ろうと思っても眠れなくなりました。不眠症です。メンタルクリニックに行って、睡眠導入剤をもらいながらようやく眠ることができたのです。

でも、これでいいのだと思います。それぐらいのことを恐れていては、本気で仕事をするなどということはとてもできません。だから、うつになるのを恐れない。メンタルヘルスの悪化を恐れないのです。

カウンセラーである私がそんなことを言うのはどうかと思う方もいるかもしれません。しかし、私がカウンセリングで究極的に目指しているのはいわゆるメンタルヘルスではありません。魂とでも呼ぶべき心の深いレベルでの納得感、充足感なのです。

▼本気で恋をする、本気で夫婦をする

本気でするべきことは、仕事だけではありません。恋愛もそうです。ほかの人でも構わないような交換可能な恋しかしなかったら、傷つくことはないでしょう。けれども、自分はどうし

てもこの人でないとダメなんだという思いを持って本気で恋をする。その恋が破れたら、その時にはとてつもなく大きな心の傷を負うことになります。中島みゆきさんの歌ではありませんが、道に倒れて誰かの名を呼び続けるほど、のたうち回るほどの恋をしないと、決して満たされない心の一面というのは確かにあると思います。

本来恋愛というものには、むき出しの生のままの魂のぶつかりあい、といったところがあると思います。どこがいい、ここがいいというのではなくて、魂が魂にどうしようもなく、惹かれていく。だから、「本気の恋」は制御不可能で危険なんです。

夫婦もそうだと思います。「本気で夫婦をする」、「夫婦で本気で向きあって生きる」というのも、とてつもなく大変なことです。

こういう相談を受けたことがあります。

「僕たち、これで本当の夫婦と言えるんでしょうか。本当の、真実の夫婦というのは、もっと深い魂の結びつきのようなものがあるものなんじゃないでしょうか。いや……表面上はうまくいってるんです。仕事もうまくいっているし、夫婦関係も決して悪いわけではないんです。喧《けん》嘩《か》もそんなにしないし。でも、夫婦として〝何か〟が足りない気がするんです……」

本気で夫婦をしようとすれば、どうしても葛藤が生じざるをえません。

「夫婦はあくまでも夫婦であって、生活のための単位なんだ」、「夫婦なんてこんなもの」と割り切っていれば、夫婦関係の危機は訪れにくい。けれども、本物の夫婦関係というものを求め始めると、満たされない思いが募ってトラブルが生じやすくなるのです。

仕事、恋愛、夫婦関係……どれも人生の重要な側面ですが、こうしたものを本気で生きようとすると、ほころびが生じたり、心の傷を負いやすくなります。けれどそのリスクを恐れず本気で生きることをしなければ、魂の深い充足感を得ることはとうていできないのです。

▼「魂の空虚な成功者」と「魂の満たされた不成功者」

成功・不成功、あるいは健康・不健康というのは、「人生の水平的なベクトル」に関わることです。一方、精神の高みに昇っていったり、魂が深く満たされていくというのは、「人生の垂直的なベクトル」に関わることです。そしてこの人生の「水平性の次元」と「垂直性の次元」とは、当然のことながらしばしば矛盾します。このことを指摘しているのが、『夜と霧』の著者として有名なビクトール・エミール・フランクルが唱える次元的存在論という考え方です。

例えば、まったく異なる「精神の在り様」をしている二人の人間が、健康とか成功といった平面に投影されるとどうなるか。二人とも健康であり、社会的に成功している。経済的にも豊かである。この点から見ると二人は同じように見えます。しかしながら、垂直性の次元から見ると、二人の「精神の在り様」はまったく異なっています。

Aさんはメンタルヘルス的には健康です。しかし、その「精神の在り様」は一方のBさんと違ってどこか空虚です。意味の次元あるいは魂の次元、精神性の次元では、まったく満たされていません。精神の充足・不充足ベクトルで見ると、まったくの空虚であり不充足なのです。つまり、精神の内面では空虚だけれども、心身共に健康な人間、これがAさんです。こういった人が現代社会にはあふれています。現代人の過半を占めていると言っていいと思います。

それとは逆に、心身に疾患を抱え、経済的に恵まれず社会的に成功しているとは決して言えないけれども、内面的にはとても充実して満たされて生きている人もいます。成功という面や健康面からすると不十分だけれど、魂は満たされているのです。

今の日本は、経済的な成功や表面上の若さが評価されやすい社会です。内面的には空虚だけれども、若く見えて、社会的にも活躍しているという人が結構多い。しかしながら、心身の健康や社会的成功といった水平性の次元と、魂の充足、精神性の高みといった垂直性の次元は、人間存在の異なる次元です。この異なる次元を、混同してはいけません。

時として、人間存在のこのふたつのベクトルは、そのいずれを取るのか、いずれを優先させるのかを私たちに迫ってきます。「あれか、これか」と。果たしてあなたは、「魂の深く満たされた病者（不成功者）」と、「魂の空虚な健常者（成功者）」と、いずれかを選べと迫られたら、一体どちらでありたいでしょうか。

私自身は迷わず、「魂の深く満たされた病者」でありたい。「魂の空虚な健常者」であるぐらいなら、あるいは「魂の空虚な成功者」であるぐらいなら、「魂の深く満たされた病者であり不成功者」でありたい。心からそう思います。

それほど、私の魂は、濃密な生を生きることを私に強く求めているのです。

社会的に成功し、金銭にも恵まれ、心身共に健康でありながら、魂が空虚なままさまよい続けている人生もある。逆に、社会的には脱落していて、家庭も持たずに孤独であり、かつ貧困で、心身の病を抱えており、けれども、自らのすべてを捧げうる「何か」を持っている人がいる。「これが私の人生の使命だ」と心から思える何かに日々没頭して取り組み、心の深いところを震わせて生きている人がいる。

これほど極端な二択ではないにしても、私たちは誰も、このいずれかを選びつつ、どちらかを大切にして日々を生きているのです。

▼「とりあえず五年」と区切って生きる

濃密な生を送るためにはどうすればいいのでしょうか。その具体的な心得のひとつ目は「とりあえず五年」と期間を区切って生きることです。これは、「し残したことはもう何もない」と思えるように生きるのに、とてもお勧めの方法です。

とりあえず五年。いや、五年は長すぎるという人は三年でも構いません。そうやって「期限を区切って生きる」ことが、とても大事だと思います。というのは、「自分の人生の残りの時間」が読みにくい中高年になってから長期的な人生計画を立ててしまうと、いくつかの点で大きなマイナスがあるからです。

ひとつ目は、一〇年、二〇年という長期的な展望に立っていると「人生が予想外に短いリスク」(想定外の早死にリスク)に対応し切れないことです。

ふたつ目は、長期的な人生計画は、「生の希薄化」をもたらしやすいことです。例えば私は今、五四歳です。平均余命からすると、あと三〇年ぐらいは生きるわけです。しかし「あと三〇年」という長期的なスパンでものを考えていたら、「いつでもできる。そのうちできる」という思いを抱いてしまい、何でも先送りにしてしまいかねません。大切なことは何もし終えないまま、薄まった生を生きることになる確率が高くなります。

そして、残りの余命が読めない中高年にとって、これらは、まさに「取り返しのつかない事態」を招きかねません。希薄化した、薄まったスープのような、だらしない人生をダラダラと生きているうちに、想定外に早い死が訪れる。私はこれだけは避けたいと思います。

長期的な人生計画の三つ目の大きなマイナス点は、自分自身の変化に対応できないことです。人間には、今の自分がそのままの自分で三〇年生きるかのような、そういう錯覚をしたまま物事を考えてしまいやすいところがあります。

みなさん、一〇年前の自分と現在の自分を比べてみてどうでしょうか。「同じ自分」と言えるでしょうか。私は大分違います。ほぼ別人です。一〇年前の自分と今の自分では、やりたいこともまったく違うわけです。つまり、今したいこと、今やりたいと思っていることができるのは、今だけなんです。一〇年後の自分にはまた一〇年後の自分のやりたいこと、すべきことがあるものです。

そもそも、一〇年後に生きている保証すらありません。三〇年後の話になったら、かなり怪しい。なのに、三〇年生きるつもりで、まったりと希薄化した時間を生きて、そして何かのアクシデントで突然五年後に死んでしまったら、し残したことばかりの人生になってしまうでしょう。

ですので、「とりあえず五年」と決める。そして、先延ばしは絶対しないと決める。

先延ばし癖がついている日本人は、結構たくさんいます。日本人はしたいことを我慢することを美徳と考えるところがあります。それで我慢して先延ばししているうちに結局は、やらずに死んだとなってしまいがちなのです。こんなものは決して美徳とは言えません。単なる怠慢です。

濃密な生を送るための心得として、もうひとつできる工夫は"Not to do list"つまり「これはしないことリスト」を作ることです。私たち中高年は、だんだん残りの人生が少なくなってくるし、その期間でできることの量も減ってきます。「無駄なことをする時間」はもう残されていないのです。

あなたが時間をロスしていると感じるのは、何の時間でしょうか。もしかしたら、ぼーっとテレビを見ているだけの時間が長い人もいるかもしれません。時間の無駄ですね。テレビは一日二時間までにするといったように「これはしない」と決めたことのリストを作っておく。それによって、無駄な時間を自分の日々から削る習慣をつけるのです。

▼「魂が喜ぶ生き方をしているか？」と自問する

次のことを自問してほしいと思います。

あなたは、「どうしてもこれだけは譲れない」というものを譲らずに、頑固に生きることができているでしょうか。これだけは大切だ、どうしても譲れないと思えるものがありながら、流したり人に譲ったりしてしまう半端な生き方をしてしまっていないでしょうか。

どうしても愛したい人を本気で愛することができているでしょうか。魂をむき出しにして、とことん愛しぬくことができているでしょうか。そして、その愛を言葉にして、愛していると伝えることができているでしょうか。

どうしても嫌いなその人をちゃんと避けることができているでしょうか。嫌いな人にもいい顔をして、関係を壊さないために無駄な時間とエネルギーを使ってしまってはいないでしょうか。

無目的に貯蓄をして、使いもしないお金をただ貯めるということをしていないでしょうか。本当にしたいこと、心が喜ぶことのためにきちんとお金を使うということができているでしょうか。

自分の心の躍動に従って、魂が欲するままに、魂が喜ぶような生き方が一時でもできているでしょうか。毎日は難しいとしても、例えば週に一日でも、そういう日を持つことができているでしょうか。自分にそう問うてほしいのです。

第八章　魂のミッションを果たす

人生は理論では説明し切れない。何かが、遅かれ早かれわたしたちをあるひとつの道へと呼び込んでゆく。その「何か」は、子供時代に突然にやってくることもある。ふってわいたような衝動、あらがいがたい魅惑、思いがけない曲折——。そんな一瞬がまるで啓示のように、あなたにこう訴えかける。これこそがわたしがやらねばならないこと、これこそがわたしが手にしなければならないものだ、そして、これこそわたしがわたしであるために必要なものだ、と。（中略）

わたしというかけがえのない人間が生きるための理由があるという感覚。日々のことを超えてやらねばならぬことがあるという感覚。日々の出来事に意味を与えるものがあるという感覚。わたしがここにいる理由を世界が与えてくれているという実感。

（ジェイムズ・ヒルマン著『魂のコード　心のとびらをひらく』鏡リュウジ訳／河出書房新社）

▼私はこの人生を生きることになっていたのだ

私のカウンセリングに来られた方の多くはこうおっしゃいます。

「私は今の生き方を続けていって本当にいいんでしょうか？　自分の人生に、もし何か果たすべきこと……使命のようなものが与えられているとして、今のように生きていって、それを果たすことができるのか、確信が持てないのです」

こんなふうに、つぶやくようにおっしゃる方がいます。

心の底から深く満たされた生き方をするためにもっとも必要なもの。それは、自分の人生で果たすべきこと、まっとうすべきことを果たしながら日々を生きているという確信、実感だと思います。

限りある、このいのち。いのちある者としてこの世に生まれてきて、その有限の時間において果たすべき「何か」、まっとうすべき「何か」があるとするならば、自分は今それを果たしつつある。自分の人生に与えられた使命をまっとうしている。日々それをまっとうしながら生きている。そんな実感ほど、人の心を深く満たすものはないと思います。

これまで私は、数え切れないほどのカウンセリングやワークショップをおこなってきました。

この不確かな世界の中で私の生き方は本当にこれでいいのかと自己点検し、自分の本当の生き方、心から納得できる生き方を探っていくプロセスを援助してきました。そこで私がわかったことは、心の底から深く満たされて生きている人、本当に幸福に生きている人が共通して抱いている「ある感覚」が存在するということです。

それは「もし私の人生に、この人生を生きることになっていた、そんな人生があるとするならば、私は今、まさにその人生を生きている」という実感であり確信です。

私はこの人生を生きることになっていたのだ。この人生を生きるために私はこの世に生まれてきたのだ。真に心が満たされた人、幸福な人は、共通してそんな感覚を抱きながら日々を生きています。

言い換えると、それは、自分が何のためにこの世に生まれてきたのかがわかっている、という感覚。自分がこの世に生まれてきたことの意味と使命が何であるかがわかっている。私はその使命を果たすためにこの世に生まれてきたのであり、そして今、その使命を果たしつつ日々を送っている。そんな感覚を抱いているのです。

私はこの感覚のことを「魂のミッションの感覚」と呼んでいます。

＊ここで言う「魂」とは、実体ではなく、自己や人生をより深く理解するためのひとつの視点《パースペクティブ》です。このパースペクティブとしての「魂」について思索をめぐらせる上で次の書物は有益です。ジェイムズ・ヒルマン著『魂のコード　心のとびらをひらく』鏡リュウジ訳／河出書房新社。

人間の生死について私はこういうイメージを持っています。私たちの魂には、生まれる前から暗黙のうちに、あるミッションが、使命が、何らかの形で刻印されてこの世に降りてくる。そしてその使命を果たし終えたら、この世から旅立っていくのだ、と。

私たちが日々を懸命に生きることを通して、その魂に刻印されていたミッション、暗黙の使命は、自ずとふわーっと浮かび上がってきます。その時人は、自分がその人生を生きるように生まれる前から半ば定められていたような感覚、その人生をまさに今生きているのだという感覚を抱きます。

人種の違いを超えて、貧しい者であるか富める者であるかの違いを超えて、あるいは、思想信条の違いを超えて、私たち人間が真の幸福感を抱き、心の底から満たされた人生を生きることができるかどうかを決めるもの。それは、「ああ、私はこの人生を生きることになっていたのだ。そのように半ば定められていたその人生を、私は今まさにこうして生きているのだ」という感覚――私が「魂のミッションの感覚」と呼んでいる感覚――を得ることができるかどうかにかかっている、と私は思います。

「魂のミッションの感覚」。それは、言葉を換えて言うと、「人生の必然性の感覚」でもあります。自分の人生には、そう生きることになっていたひとつの必然の道があったのだ、という感覚です。

私たちの人生には日々、様々な出来事があります。その様々な出来事を通して私たちは、ある人生の道へ、ある方向へと誘われ、導かれ、運ばれていきつつあるのです。

そのことを実感した時、私たちは「運命」という言葉を使うのだと思います。

▼人生の使命に目覚めた時にだけ生じるサイン

私たちはただ、人生の一つひとつのことに心を込めて、無心におこなっていくことしかできません。成熟した大人の人生とは、そんなものでしょう。そんなふうに日々を生きていると、ある時ふと、「ああ、私はこのことをするためにこの世に生まれてきたのだ」という魂のミッションへの目覚めが生じます。「私はこの人生を生きることになっていたのだ」という静かな確信が到来するのです。

多くの人からこんな質問を受けることがあります。

「私は、自分の人生に何か手応えを持てないんです。これが本当に私の人生ですべきことなのだ、私の人生はこれでいいのだという確信が持てないんです。その確信を持っていい時と、そうでない時とをどうやって区別すればいいんでしょうか」

私がお答えしているのは、人が自分の人生に与えられた使命、魂のミッションに目覚める時には、そこに共通する感覚的特徴があるということです。

それは、「半ば新たなものを発見した」と同時に「そのことについて、自分は心の深いところでどこか以前から知っていた。そしてその何かを今、思い出した」という感覚です。これが同時に生起する時に、その人は自分自身の人生について本当に深い何かの気づきを得ているのです。「発見即想起」とでも言うべきこの現象が、人が、自己の人生の真理についての深い洞察を得た時には伴うものなのです。

自分という人間の本質、自分の人生に与えられた真のテーマがわかる時には、このふたつの感覚が同時に訪れるのです。

つまり人が「魂のミッション＝自分の人生に与えられた使命」に目覚める時、その大きな特徴は、半ば新たな何かを発見したという感覚と、半ばそれを心の深いところでかつてから知っていた、今それを思い出したという感覚が同時発生的に現れる。このことがその大きな特徴であり、サインなのです。

▼人生の呼びかけに応えた時、変化が始まる

カウンセリングやワークショップでの体験を通して私は、「すべての人間は固有の使命を担ってこの世に生まれてきている」と考えるようになりました。

どんな人のどんな人生にも暗黙のうちに果たすべき使命が与えられている。たとえ本人が気づいていなくても。そしてその使命を実現するようにと、人生から呼びかけられ、問いかけられてきている。そして——ここが大切な点なのですが——人間の魂の方も、人生からのこの問いかけ、呼びかけを感受し、それに呼応しようとする性質を持っているということです。人間というもの、人間の魂というものは、そのようにできているのです。この「刻印され⇅呼びかけられ⇅呼応する」という一連の働きは、魂というものの本質に属することです。

このようにして、人生の使命、魂のミッションは、絶えず私たちに呼びかけてきています。それを発見し、実現するようにと、静かなる呼び声が発せられてきています。この静かな呼び声のことを「サイレント・コーリング」とここでは呼んでおきたいと思います。

そして、人生の使命からの呼び声、サイレント・コーリングが人間に届き、それに人間が応える時、様々な変化が生じ始めます。人生の使命を実現するのに必要な様々な出来事が自然と生じてくるのです。あたかも、むこうから「運ばれてくる」かのようにして、人生の使命を実現するために必要な出来事や出会いが、自然と、次々と起きてくるのです。必要な人との必要な出会いが、必要な時にもたらされます。必要な時に、必要なものが与えられます。すべては自然と整っていくのです。

また、たとえその時は無意味な、単なる辛く苦しい出来事でしかなかったように思えていたことも、後からより長いスパンで振り返ってみると、これまでに人生で起きたすべてのこと、その一つひとつはやはり必要なものであったということがわかってきます。

それは、もしかすると、うまくいかなかった人間関係のトラブルかもしれません。もしかすると、リストラによる収入減かもしれません。離婚や失恋かもしれません。お酒や買い物依存症などのアディクションかもしれません。あるいは、慢性の病かもしれません。

こうした、一見、単なる悩みや苦しみにしか思えていなかったことも含めて、人生のすべての出来事には意味があったのだということ。そのことが、人生の使命に目覚めたとたんにわかる。一挙に、人生全体の地図が明らかになってくるのです。

「それまで起きてきたすべての出来事はつながっていて、その人が自らの使命に目覚め、取り組むようにと、暗黙のうちにその人を促し導いてきていたのだ」ということ、「すべては自ずと整えられてきていたのだ」ということが、その時になると自然とわかるのです。

私たち一人ひとりの魂には、暗黙の使命が刻印されている。あなたがこの世に生まれてきたことの意味と使命が潜んでいる。あなたが誰であろうと。

あなたが魂のメッセージに耳を傾けると、それまで潜んでいた魂の物語が、浮かび上がってくるのです。

カウンセリングやワークショップで心の深いところに意識を向けていると、ふわーっと魂の物語が浮かび上がってきます。それまでの人生が成功であったか、不成功であったか、幸福であったか、不幸であったかに関わりなく、心の深いところと合致するような人生の物語が浮上してくるのです。カウンセリングやワークショップの現場では、絶えずそうしたことが起きています。人間性心理学やトランスパーソナル心理学の諸理論は、こうした「現場」で体験された現象を後から理論化し、枠付け《フレーミング》していったものなのです。

▼「魂のうねり」こそ、人間本来の真の姿である

私たちの魂が、人生からの問いかけ、呼びかけに呼応していく時、その「呼びかけ⇅応える」という相互作用の中で、濃密ないのちのうねり、魂のうねりが現成《げんじょう》してきます。我を忘れて人生からの呼びかけにただひたすら応えていく時に現成してくる、この濃密な「いのちのうねり」、「魂のうねり」こそ、私たち人間の本来の姿なのです。

この「魂のうねり」の現成に伴って、人生の流れ《フロー》は加速度的に増していきます。人生で生じる様々な出会いや出来事に心を開いて、そのシンクロニックな導きに自覚《アウエアネス》の目を持って従っていく時、自分自身の意図を超えた人生の流れがやってきて、それが加速度を増して私たちをある方向へ運ぼうとしていくのです。

カウンセラーをしている私のもとには、何か辛い出来事があって苦しんでいる人がやってきます。そんな方の話をうかがっていると、私たちの人生は、悪いことが起き始めると、どうしてこんなに次々と悪いことばかりが起きるのかと思いたくなるようなことも少なくありません。

しかし、そうした一見、ただ悪い出来事のようにしか思えないことであっても、後になって振り返ってみると、「ああ、すべては私をここに運ぶために、ここに連れてくるために起きた

ことだったのだ」と思えることが多いのです。

もちろん逆に、いったんいいことが起き始めると、次々と連鎖しつながっていき、大きな「人生の流れ」をなしていくこともあります。そんな「いい時」には、「こういう人と出会えたらいいのに」、「こういう人とつながる必要があるのに」という人との「必要なご縁」が次から次へと運ばれてきます。すべてがつながって、大きなうねりをなしていくのです。

▼問いが逆さになる

私たちはしばしば人生の問題についてこう考えます。「私」はこれからどこに行こうとしているのだろうか。「私」はこれからどのように生きようとしているのだろうか、と。

これは「私」中心の人生についての問い方です。

しかし「魂のミッション」に目覚めた後、問いは転回します。問いが逆さになり、次のような問いとなるのです。

「私の人生」は私をどこに導こうとしているのだろうか。「私の人生」は、私の魂に刻印されたミッションを成就させるために、どのような出会いや出来事を準備しているのだろうか。運んできているのだろうか。

どのような出会いや出来事が私を待っているのだろうか。そしてそれは私をどこへと誘い、どこへ運んでいるのだろうか。どのような仕方で、私に人生のミッションを成就させようとしているのだろうか。

▼私の人生の使命《ミッション》

私自身のことを言えば、人生のミッションは次のふたつだと思っています。

ひとつは、ワークショップやカウンセリングを通して、人が自分の魂のミッションに目覚め、人生を変えていくプロセスを援助すること。それが私の魂のミッションなのだと思います。だからこそセラピストという仕事をやっているのです。

もうひとつは、著述家としての仕事です。私は、自分の執筆作業の意味を、「魂を文字に刻む」営みにあると思っています。

本を書く時、私は、一人になって自分の内側深くに入っていきます。静かに深く内側へと沈潜していく。そこで、「文字にされたがっている何か」を探します。

「自分が言いたいこと」を感じ取るためではありません。私は、自分の言いたいことを文字にしているのではないのです。そうではなく、自分の内側深くに意識をとどめ置いて、そこで

「語られたがっている何か」を感じ取ります。「語られる必要があるもの」を感じ取るのです。

この世界で、この人生で、何が語られたがっているか。何が語られる必要があるか。それを感じ取ります。そこにある「語られる必要があるもの」を感じ取り、それを拾って言葉にしていく。そんな作業をしているのです。「語られる必要があるのにまだ語られていないもの」をつかんで、言葉にしていく。それが、私にとって、ものを執筆するということの意味なのです。

それがうまくできている時、私自身は空っぽで、ただただ自分の内側深くの動きに従って魂を文字に刻んでいる、そんな感覚があります。

この時、私自身が「ひとつの器官になっている」のです。

人生が自らを語り、表現する。世界が自らを語り、表現する。私はその「器官」になっている。私を通して、世界は自らを語り、表現する。私は「ひとつの器官」であり、「道具」であるにすぎません。

ものがよく書けている時、私は消え、世界が自らを表現するための器官となり、道具となっているのです。

魂を文字に刻む。あるいは、より正確に言うなら、魂が文字に刻み込まれていく。魂が私を通して文字として刻まれていく。こんな「魂の仕事」を、私は執筆するということを通してお

となっているのです。

カウンセリングや心理療法、ワークショップなどがうまくいっている時にも、同じような感覚を抱くことがあります。私はその時、「魂に仕えるひとつの道具」となっているのです。

第九章　「最高に成熟した人格」とは

――その心理学的特徴

▼マズローによる「最高に成熟した人格」とは？

私は「自己成長論」の立場に立つ心理学者です。この自己成長論の心理学のひとつの柱は、「最高人格」、「真に成熟した人格」についての研究です。

自己成長論の立場の中核をなすのは人間性心理学です。この人間性心理学を確立して、その後、トランスパーソナル心理学へと展開していったのが、「欲求の階層説」で知られているアブラハム・マズローです。

マズローの「最高人格」に関する研究に大きな影響を与えたのは、二人の師匠の存在です。一人は、ゲシュタルト心理学の代表的存在であるマックス・ヴェルトハイマー、もう一人は文化人類学者で『菊と刀』の著者として知られているルース・ベネディクトです。マズローはこの二人の師匠について、その学問以上に、人物と立ち振る舞いに心酔したのです。

なぜこの二人の師匠は世の中のありふれた人とこんなにも違うのか。そんな疑問を抱いたマズローは、それを学問的に解明しようと試み始めたのです。

まずわかったのは、精神分析の無意識とか過去のトラウマという理屈では二人の魅力は説明できないということでした。日本でも太宰治や芥川龍之介といった一流の文学者について、しばしば、幼少期にこうしたトラウマがあったからこういう作品をつくったんだといった精神分析的な解説がなされることがあります。しかし、同じようなトラウマを子どものころに持った人がみんな、一流の文学者になれたかというと、そんなことは当然ありません。同様に、ヴェルトハイマーやベネディクトが最高人格になった理由も説明できるはずがないのです。

また、精神分析に対抗する心理学のもうひとつの学派である行動主義心理学は行動の科学です。行動の予測と統制が研究の目標であると考えるこの心理学では内面のことは扱わないので、当然二人の内面の魅力についても説明できません。つまり、自分の師匠の本当の魅力を説明できる心理学は、まだ存在していなかったのです。だったらそれをつくるべきだ。そう考えてマズローがつくったのが、人間性心理学なのです。

マズローはまず、この二人に共通する特徴をずっと観察して、メモを取り続けました。そして同様の特徴を持っていると思われた四九人を選出したのです。その中には、エイブラハム・リンカーン、トーマス・ジェファーソン、エレノア・ルーズベルト、ジェーン・アダムズ、ウィリアム・ジェームズ、バールーフ・デ・スピノザ、ジョン・キーツ、マルティン・ブーバー、ゲーテらが含まれていました。

生きている人物にはインタビューや、自由連想法や投影法といった心理学の検査をおこない、亡くなっていた人については、伝記や自叙伝を調べていった。するとその結果、「最高人格」と呼ばれる人たちには、共通する普遍的な要素が存在しているということがわかったのです。

その研究成果をまとめて、マズローはまず、『動機づけと人格』（邦訳は『人間性の心理学』小口忠彦監訳／産業能率短期大学出版部）を出します。これはマズローの出世作です。そこでマズローは、「最高人格」（自己実現している人間）の一五の特徴を記しています。

①現実をあるがままに認識できる。
②自己や他者、自然をあるがままに受容することができる。
③自発性、自然な心の動きに従って生きている。

④自分にあまり関心がない。問題中心である。我を忘れて大切な何かに取り組んでいる。
⑤孤独とプライバシーを好む。一人になって自分を見つめる時間を必要としている。
⑥自分が属している文化や集団から独立している。常識に染まり切っていない。
⑦毎日が日々新鮮な感覚に富んでいる。
⑧神秘体験や至高体験をしばしば体験している。白い光に包まれたりする神秘体験や、この上ない喜びに包まれる至高体験をほぼ毎日のように体験している。
⑨他者との深い結びつきを持っている。
⑩深い本質的な人とのつながりを持っている。
⑪民主的な人格構造を持っている。
⑫手段のために目的を犠牲にしていない。遠い未来、例えば一〇年後の目標のために今を犠牲にすることなく、一瞬一瞬を大切に現在充足的な生き方をしている。
⑬敵意のない人を傷つけないようなユーモアをよく使う。
⑭創造性がある。
⑮自分が属している特定の文化を超えている。慣習を超えたところで生きている。

以上の一五です。さて、みなさんはいくつ当てはまったでしょうか。

マズローはさらに、晩年に書かれた『人間性の最高価値』という本では、次のような特徴を挙げています。

- 正義をもたらすことを喜ぶ。
- 名声や栄誉を求めない。
- 他者から愛されることを必要としない。
- 現実離れしていない。
- 現実的な成功を求める。
- 世界をあるがままに愛し、その改善に努める。
- 人間も自然も社会も改良できると信じている。
- 子どもが好きである。
- 子どもの成長に喜んで協力する。
- 自分が幸運であることに感謝している。
- 神秘的な体験や未知のものへの挑戦に魅せられている。

・すべての人が自分の可能性を最高に伸ばすチャンスを持つべきだと信じている。
・若者の自己実現に喜んで力を貸す。

私がここでイメージしたのは、何らかの仕事に没頭している人間の姿です。
マズローはこう言っています。

自己実現しつつある人々は、一人の例外もなく、自分の外にある目標、すなわち自分自身以外の何かに従事している。彼らは何事か（中略）お召し、あるいは天職と言われるものに専念している。彼らは、運命が呼びかけてくるところに従って働き、働くものが愛するものになるので、彼らにおいては労働と喜びの二分法は消滅している。ある人は生涯を法律に捧げている。また、ある人は正義に捧げている。さらにまたある人は、美や真理に捧げている。

（『人間性の最高価値』上田吉一訳／誠信書房）

我を忘れて「何か」に取り組んでいる点、「魂のミッション」、「人生の使命」に我を忘れて取り組んでいる点が、「最高人格」の共通点なのです。

▼「最高人格」は全人類の一パーセント

マズローは「欲求の階層説」で知られています。人間には生理的欲求、安全の欲求、所属の欲求、愛や承認の欲求、自己実現の欲求、自己超越の欲求といった欲求があり、それらは「階層構造」をなしており、下位の欲求が満たされて初めて、上位の欲求を持つようになるようにできているという理論です。

しかし、この理論のもっとも重要な点は、人間は「低次動機」で生きている人間と、「高次動機」で生きている人間、このふたつに分けられる、と考えられている点にあります。

低次動機は、欠乏動機とも呼ばれます。人間は、何か欠けているものを満たそうとする。例えば空腹なら空腹を満たそうとする。人から認められていなかったら承認を求める。このように何か「欠けているもの」を満たすことに絶えず追われているのです。

これに対して、高次動機で生きている人間は、何か欠けているものを埋めるために追われることはありません。それに振り回されることがない。日々の経験を豊かにすることだけを求めています。日々生きていることの喜びやエクスタシーを体験すること自体を目的としているのです。緊張を解消しようとするのではなく、逆に、新しい挑戦を通じて緊張を求めます。何か欠けているものを満たすのではなく、成長していくプロセスそのものを楽しんでいる。これが高次動機で生きている「最高人格」の特徴です。

つまり最高人格は、いろいろな欠落から自由になっており、ただ成長すること、様々な出来事に日々喜びを感じること、そのこと自体を目指すわけです。最高人格は、マズローの調査によると、実に全人類の一パーセント以下であると言います。私は、一パーセントというのは、決して少なくはない数字だと思います。

というのは、人間は、発達理論からすると、少し上の精神ステージの人間に一番刺激され影響を受けて変化、成長しやすいからです。一パーセントの最高人格がいるのであれば、その人よりも少し下の人間は五パーセントから一〇パーセント程度はいるはずです。この人たちが一パーセントの最高人格に触発されて高次動機で生きるようになったら、またその人たちがその下の三〇パーセントの人間に影響を与えるというように、どんどん連鎖的に人類全体の精神ステージが向上していく可能性を有しています（もちろんそうならない可能性も大いにあります。これが可能になるためには「高次の人格」、「高次の精神性」というもの自体に価値が置かれるような社会的文化的雰囲気が醸成される必要があります）。しかし少なくとも理論的には、全人類レベルの意識の変容、人類全体の精神性のレベルの向上ということが可能であることをマズローは説明しているのです。

▼最高人格が苦しむ心の壁《エッジ》

では一度、高次動機で生きるようになった人は、もう苦しみや空虚感を感じることはないかというと、そんなことはありません。すごく幸福な毎日の後に、突然、停滞の意識がやってきます。最高人格は絶えず成長しようとするので、「壁」にぶつかります。これを「エッジ」(心の壁)と言います。「エッジ」にぶつかると、昨日まで新鮮だったことが、今日は陳腐なことの繰り返しにしか感じられなくなります。そうした時に、突然、大きな空虚感、意味不明なむなしさの感覚に襲われるのです。

この時に注意しなくてはいけないのは、「低次動機で生きている人の感じる空虚感や不安や焦り」と、「高次動機で生きている人が抱く、さらにもっと限界まで成長しようとしてもできない時の空虚感」とは、見かけは似ていてもまったく質の異なるものだということです。

低次動機で生きている人の心の壁というのは、「もっと認められたい」といった欠落感に基づくものです。高次動機で生きている人は、そうした欠落感からはまったく自由です。高次動機で生きている人の苦しみは、十分成長した後に、さらに成長したいけれど、ここからさらにどこに行けばいいのかわからないという苦しみです。

▼「最高人格」にも二種類ある――「至高者」と「非至高者」

マズローは、「最高人格」には、二種類のタイプがあると考えました。「至高者」タイプと「非至高者」タイプです。

深く激しく圧倒的な恍惚《こうこつ》感を伴う、この上なく幸せで喜びに満ちた体験のことを「至高体験」と言いますが、この質と頻度によって、最高人格はそれを毎日のように体験する至高者タイプと、まれにしか体験しない非至高者タイプに分けられるのです。

非至高者であっても、最高人格は、自らの能力や可能性をフルに発揮しています。社会に役立つことを心から望み、そこに幸福を感じています。非至高者には、フランクリン・ルーズベルト、トルーマン、アイゼンハワー大統領らが挙げられています。彼らはまだ、精神の深遠な領域にはあまり関心を持っていなかったとして、マズローは彼らを「非至高者」に分類しました。

それに対して、一方の「至高者」は、この上ない喜びに満ちた至高体験を毎日のように体験しています。仕事をする上でも、日々この上ない喜びを感じていますし、趣味や芸術やスポーツやセックスなどの様々な領域において、頻繁に至高体験をし、最高の幸福感を得ています。例えば、春先にぼーっと庭の花を眺めるだけでもエクスタシーを感じることがあります。こうした人々はまた、自分自身や世界についてある種の啓示のようなものが与えられる体験をしています。より神秘的で、詩的で、宗教的で、美に対して敏感です。美しいものを何よりも好みます。

彼らは一方、雑務が苦手で、日々の出来事から超越しています。「至高者」の例として、マズローは、オルダス・ハクスリー、アルベルト・シュバイツァー、アルベルト・アインシュタインらを挙げています。

▼人間の本性は、自己超越的である——フランクルとマズローの対話

最高人格について、マズロー以外の人の説も多少見ておきましょう。

マズロー理論についてアメリカの『人間性心理学会誌』でビクトール・フランクルが異議を申し立てました。

マズローは自己実現が究極の目的であるとしているが、自己実現そのものが究極の目的であ

るならば、世界は自己実現の単なる手段であることになってしまう。マズロー理論において、世界は人間の自己実現のための手段に貶《おとし》められてしまっている。自己実現が目的であるとするのは、人間本性の自己超越性に反している。こういう批判をフランクルは展開したのです。

この批判に対してマズローは、実にあっさりと同意を示しました。

人生における使命を見失い、直接的、利己的、個人的に自己実現を求める人は、実際には自己実現を達成できないというフランクルの考えに私は完全に同意すると述べ、それを学会誌に投稿しています。

これが決して単なる表面上の同意ではなかったことは、別の論文の中でマズローが、「自己実現をしている人、最高人格はすべて、自分以外の何らかの課題や使命、職業や大切な仕事に我を忘れて没頭している」と言っていることにも示されています。

自分のために生きる人間は幸福にはなりえない。真に心が満たされた最高人格は、自分の人生に与えられた何らかの使命や課題に、我を忘れて没頭している。この点についてフランクル理論もマズロー理論も共通しているのです。

では、フランクルとマズローの考えが完全に一致しているかというとそうではありません。フランクルは、こうあるべきという理想の自分（当為）と、現実の自分（存在）との間の、実存的な緊張の中で生きているのが人間の本来の姿であると考えます。これに対してマズローは、最高人格においてはもはや事実と価値、存在と当為はひとつに融合しているというのです。

私は両者の違いは考え方の中身の相違というよりも、両者が置かれた文化の違いによるところが大きいと思っています。フランクルは、人間の本質は神への「応答性」にあると考えます。ここには、カール・バルトの弁証法神学に典型的な神と人間との間に絶対的な相違があるとする二〇世紀半ばのヨーロッパにおける神観念の影響が見て取れます。これに対して、アメリカ育ちのマズローには、そうした感覚が薄く、むしろ人間と神との神秘的な合一は可能だとする考えに与《くみ》しやすかったと思われるのです。

こういう文化的な違いがありながらも、両者とも「最高人格」の特徴を、自分の人生に与えられた使命・課題に、我を忘れて没頭しているところに共通して見出しています。私はここに、文化横断的、文化超越的な「最高人格」の特徴があると思います。

▼本当の幸せの鍵は「自己選択」と「共同体感覚」
――アドラー心理学とフランクル心理学の共通点

オーストリアの精神医学者アルフレッド・アドラーの考えも見ておきましょう。あまり知られていないことですが、学生時代のフランクルは、アドラー心理学の若手スターでした。フランクル心理学の基盤はアドラー心理学にあるのです。

アドラーとフランクルに共通する要素のひとつは、自己選択、自分で選ぶということに人間の本質を見ている点です。

アドラーは、人間はあえて「ダメな自分」、「不幸な自分」であり続けることをしばしば選ぶ存在だと言います。

なぜか。もし「幸せになること」を選んでしまったら、仕事についたり、結婚をしたりと、様々な課題にチャレンジしていかなくてはならなくなるからです。それは大変だ。難儀だ。だったら、今のまま、仕事もせず、結婚もせずに、不幸な自分でいた方がいい。つまり楽な選択をするのです。「楽」という目的を自分で選んでいると、人間はなかなか変わることができません。変化に抵抗する大きな「心の壁」ができてしまいます。人間は、無意識のうちにそのような目的（この場合、「今と変わらない〝ダメな自分〟でい続ける」という目的）を選んでいるとアドラーは言うわけです。

つまり人間は、「新たな自分」に変わることを選ぶ場合であろうと、「変わらない、今の自分」でい続けることを選ぶ場合であろうと、いずれの場合も、絶えず自分がどう生きるかを選んでいるのであり、そしてだからこそ、どう生きるかを「選び直す」ことも常にできるわけです。どんな状態にあっても、人間は絶えず自分の在り方を自分で選び直すことができるということをアドラーは強調しているのです。

これと同じように、「自己選択」ということをフランクルは強調しています。アドラーとフランクル共通の師であるフロイトは、人間は極限の飢餓の状態に置かれたら、人を殺して人肉を食べてでも生き残ろうとするだろうと言っていました。誰でもみんな悪魔のようになる、そこに選択の余地はないと、フロイトは言っていたのです。けれども、ナチスの収容所で実際にそういう極限状態に置かれた時にフランクルが見たのは、フロイトが指摘したのとはまったく違ったことでした。極限状態に置かれた人間は、自身の選択によって、悪魔と天使に分かれた。それが、フランクルの観察した「事実」でした。同じ極限状態にあっても、死にそうになった仲間からパンを奪って生き延びようとする人もいれば、自分も苦しいのにもっと苦しそうな人に自分のパンを分け与えた人もいたのです。

つまり極限状態においてさえ人間は、自分の生き方を「自己選択」していた、とフランクルは言うのです。

フランクル理論とアドラー理論のもうひとつの共通点は——さらに言えば、マズロー理論とも一致している点は――最高人格は自分以外の何かのため、自分の人生に与えられた使命のために、我を忘れて生きていると考え、人間の自己超越性にフォーカスしているところです。

フランクルは、どんな人間の人生にも使命が与えられている。自らの人生に与えられた使命に専心没頭して取り組むことを通して、人間は初めて、本当の人生を生きることができると考えました。

「哲学と心理療法」という論文では、こんなことを言っています。

「すべての人間には、その人だけに与えられた固有の使命がある。この、自分だけに与えられた固有の使命という体験ほど、人間の魂を鼓舞し、精神を高く昇らせていくものはない」

これと似たことを、アドラーは「共同体感覚」という語で言っています。「共同体」にはパートナーとの二者関係から、家族、地域、職場、社会、国家、人類全体までが多重的に含まれています。さらには人類全体の「歴史」にまで、共同体は範囲が広がります。

アドラーは、人間が本当に幸福になるためには、「自分はこの人類という共同体の一員として意味あることをしている」。そんな感覚が必要であると言うわけです。自分を超えて、自分が属している「共同体」の一員として、自分はなすべきことをしているという確かな実感があること。自分が属している共同体において、何がしか意味あることをしている。果たすべき役割を果たせているという感覚があること。それが人格の完成のためには必要だと言うのです。

それはさらに、「人類の大きな歴史の流れ」の中にあって、自分はほんの小さな存在にすぎないけれど、意味のあるメンバーとして確かに存在し活動しているという感覚につながっていきます。それが共同体感覚であり、この感覚を得ることが真の幸福の達成にも、人格の完成のためにも必要なものであると考えるわけです。

何も大げさに感じる必要はありません。私たちが内面から充実した日々を送ることができている時、毎日に張りがあると感じられる時には、それが仕事を通してであれ、趣味やボランティアや家族との触れあいを通してであれ、自分がこの人生で与えられた「なすべきことをなしているのだ」という感覚や、「何かに役に立つことができている」という感覚を持つと思います。フランクルやアドラーの理論は、こうしたことが人間の「心の本性」によるものであるということを示しているのです。

おわりに

私は、今、五四歳の中年男性である。

五〇歳を過ぎると、人生で実はどうでもよいものと、どうでもよくないもの、真に大切なものと、そうではないものとが、はっきりしてくる。

どうでもよくなってくるものは、地位や名誉やお金である。

逆にどうでもよくないもの、真に大切なものは、「時間」である。

生きるとは、「時間」を生きることであるということが、いっそうわかってくる。

同様に、真に大切なものは、このいのちに与えられた「使命や課題」である。

また、かけがえのない他者との「深い交流」である。

ひと言で言えば、魂を満たしつつ、日々の時間を過ごすこと。「魂の充満」ということを尺度に生きていかなくては、いつ死が訪れても悔いが残らない生き方は、とうていできないということがわかってくるのである。

ユングにならって言えば、三〇代後半までの人生前半の課題は「しっかりと、地に足をつけて生きることができるようになること」である。一方、四〇代半ば以降、人生の課題は「天を仰ぎ、天の声を聞いて、天から与えられた使命（天命）を果たすこと」へと転回する。

魂の故郷である「見えない世界」へと、悔いなく、未練なく、帰っていくことができるように、自分の在り方を整えていくことが大きな課題となるのである。

人生の中心軸が「地」から「天」へと転回するのだ。

しかし、自分がなってみてよくわかったが、五〇代というのは、案外、生き方を定めるのが、難しい年代である。長生きする場合と、存外に短命に早死にする場合と、両方の可能性を同時に想定しながら、これからどう生きるかを考えなくてはならないからだ。

私自身は、基本的には、平均寿命の八〇歳過ぎくらいまでは生きるつもりでいるが、残念ながら周囲を見渡すと、短命な方も少なくない。私の父親も六七歳で死んでいる。

すると、やはり五〇代にとって賢明な生き方とは、一方で健康長寿を目指して、睡眠と食事と運動に気を遣ったストレス負荷の少ない毎日を送りながら、しかしその一方で同時に、「もうし残したことはない、と心から思える濃密な人生」を生きるように心がけながら、日々を過ごすことであるということになろうか。

「自分の人生で、何か、本当になすべきこと、自分の人生に与えられた使命のようなものがあるとすれば、それは何なのか」、「この世に生まれてきた以上、この人生で果たすべき何かがあるとすれば、それは何なのか」——そう自問しつつ、その「何か」をまっとうできるように、日々を送ることであろう。

私は、死後、人間は、ただ灰になるだけだ、などとは思っていない。

何かの意識体、いのちのエネルギーのようなものとして、残り続けるように思っている。ただ、たとえそうだとしても、今あるような身体で人と触れあい、今使っているような言語で語りあって人と心を通わせあうことは、残された一〇年から三〇年程度の間にしか、なしえないことであろう。

この身体で人と触れあい、この言葉で人と思いを伝えあえる時間は、いずれにせよそう多くは残されていないのだ！

そう考えると、私たち中高年に残された時間というものは、とてつもなく、かけがえのない、いとおしいものだ。

一つひとつの仕事を、心を込めておこなうこと。

愛する人たち、大切な人たちとの時間を持つこと。

日々を味わい尽くすこと。

貪欲に、かつ、着実に、この世で自分のいのちに与えられた使命、魂のミッションを果たしていけるように、日々を濃密に送っていきたいものだ。

いつ、想定外に早く、「見えない世界」に戻っていくことになろうとも、何の未練もなく、「あぁ、私は、この世でなすべきことはなし終えた」、「このいのちに与えられた使命を精いっぱい果たすことができた！」と心の底から思うことができるように生きていきたいものである。

私の恐れはただひとつ。それは、人生の終わりに、自分の生に与えられた使命《ミッション》を納得のいくように果たすことができないままに死ぬことである。

まだ死ぬに死ねない、という思いを抱えて死ぬことである。

死ぬ時に、未練たらたらで死ぬことだけは、避けたいものだ。

そのためにも、一つひとつのことに思いと祈りを込めて、日々のことをおこなっていきたい。

そう思っている。

気づきと学びの心理学研究会〈アウェアネス〉のご案内

気づきと学びの心理学研究会〈アウェアネス〉では、大人の自己成長、内面的成熟のための心理学の研修会をおこなっています。どなたでも参加可能です。私のホームページ（http://morotomi.net/）で内容を御確認の上、お申し込みください。

気づきと学びの心理学研究会〈アウェアネス〉事務局
〒一〇一－〇〇六二　東京都千代田区神田駿河台一－一　明治大学一四号館六階B六一一
「気づきと学びの心理学研究会〈アウェアネス〉事務局」
問い合わせ申し込み先　E-mail：awareness@morotomi.net

諸富祥彦（もろとみ よしひこ）

一九六三年福岡県生まれ。筑波大学人間学類、同大学院博士課程修了後、千葉大学教育学部助教授を経て、明治大学文学部教授。教育学博士。日本トランスパーソナル学会会長。臨床心理士。日本カウンセリング学会認定カウンセラー。大学で心理学を教えるかたわら、精力的にカウンセリング活動を続ける。『人生を半分あきらめて生きる』『悩みぬく意味』（幻冬舎新書）、『教師の資質』（朝日新書）、『人生に意味はあるか』『トランスパーソナル心理学入門』（講談社現代新書）等多数。

「本当《ほんとう》の大人《おとな》」になるための心理学《しんりがく》

心理療法家《しんりりょうほうか》が説《と》く心《こころ》の成熟《せいじゅく》

集英社新書〇九〇一E

二〇一七年九月二〇日 第一刷発行
二〇二〇年三月一〇日 第四刷発行

著者……諸富祥彦《もろとみよしひこ》
発行者……茨木政彦
発行所……株式会社集英社
東京都千代田区一ツ橋二-五-一〇 郵便番号一〇一-八〇五〇
電話 〇三-三二三〇-六三九一（編集部）
〇三-三二三〇-六〇八〇（読者係）
〇三-三二三〇-六三九三（販売部）書店専用

装幀……原 研哉
印刷所……大日本印刷株式会社 凸版印刷株式会社
製本所……ナショナル製本協同組合

定価はカバーに表示してあります。

ISBN 978-4-08-721001-9 C0211 Printed in Japan

哲学・思想——C

世界と闘う「読書術」 思想を鍛える一〇〇〇冊	佐高 信／佐藤 優
心の力	姜 尚中
一神教と国家 イスラーム、キリスト教、ユダヤ教	内田 樹／中田 考
伝える極意	長井鞠子
それでも僕は前を向く	大橋巨泉
体を使って心をおさめる 修験道入門	田中利典
百歳の力	篠田桃紅
釈迦とイエス 真理は一つ	三田誠広
ブッダをたずねて 仏教二五〇〇年の歴史	立川武蔵
「おっぱい」は好きなだけ吸うがいい	加島祥造
イスラーム 生と死と聖戦	中田 考
アウトサイダーの幸福論	ロバート・ハリス
科学の危機	金森 修
出家的人生のすすめ	佐々木閑
科学者は戦争で何をしたか	益川敏英
悪の力	姜 尚中
生存教室 ディストピアを生き抜くために	内田 樹／光岡英稔
ルバイヤートの謎 ペルシア詩が誘う考古の世界	金子民雄
感情で釣られる人々 なぜ理性は負け続けるのか	堀内進之介
永六輔の伝言 僕が愛した「芸と反骨」	矢崎泰久・編
淡々と生きる 100歳プロゴルファーの人生哲学	内田 棟
若者よ、猛省しなさい	下重暁子
イスラーム入門 文明の共存を考えるための99の扉	中田 考
ダメなときほど「言葉」を磨こう	萩本欽一
ゾーンの入り方	室伏広治
人工知能時代を〈善く生きる〉技術	堀内進之介
究極の選択	桜井章一
母の教え 10年後の『悩む力』	姜 尚中
一神教と戦争	橋爪大三郎／中田 考
善く死ぬための身体論	内田 樹／成瀬雅春
世界が変わる「視点」の見つけ方	佐藤可士和
いま、なぜ魯迅か	佐高 信
人生にとって挫折とは何か	下重暁子